頭にしみこむ
メモリータイム！

寝る前5分
暗記ブック

中3 高校入試

Gakken

もくじ

もくじ 2
この本の特長と使い方 4

★ 英語

1. 現在/過去/未来の文： 5
   「はじめまして」
2. 助動詞： 7
   「早退してもいいですか」
3. いろいろな文： 9
   「父が犬を買ってくれました」
4. 不定詞(1)： 11
   「あなたに会えてうれしい」
5. 不定詞(2)： 13
   「歩いていくには遠すぎます」
6. 比較の文：「歴史がいちばん好き」 15
7. 受け身の文：「それはピカソ 17
   によって描かれました」
8. 現在完了形の文：「ちょうど 19
   宿題が終わったところです」
9. 関係代名詞などの文： 21
   「リサが貸してくれた本」
10. 間接疑問の文： 23
    「何がほしいか知りたい」
★ 単語 25
★ 熟語 28
★ 会話表現 30

★ 数学

1. 数と式：正負の数の計算 33
2. 数と式：式の計算の基本 35
3. 数と式：展開と因数分解 37
4. 数と式：平方根の計算 39
5. 方程式：1次方程式と 41
   連立方程式
6. 方程式：2次方程式 43
7. 関数：比例と反比例 45
8. 関数：1次関数 47
9. 関数：2乗に比例する関数 49
10. 図形：図形の計量 51
11. 図形：合同と相似 53
12. 図形：三平方の定理 55

★ 理科

1. 物理：光・音による現象 57
2. 物理：力による現象 59
3. 物理：電流の性質 61
4. 物理：電流と磁界，静電気 63
5. 物理：力のつり合いと 65
   合成・分解
6. 物理：力と物体の運動 67
7. 物理：仕事とエネルギー 69
8. 化学：物質の性質,気体の性質 71
9. 化学：水溶液の性質, 73
   状態変化
10. 化学：物質のなりたち 75
11. 化学：さまざまな化学変化 77
12. 化学：化学変化と物質の質量 79
13. 化学：水溶液とイオン 81
14. 化学：酸・アルカリとイオン 83
15. 生物：植物のつくりとはたらき 85
16. 生物：植物の分類 87
17. 生物：生物と細胞, 89
    動物のからだ
18. 生物：感覚と運動のしくみ 91
19. 生物：動物のなかまと 93
    生物の進化

20. 生物：生物のふえ方と遺伝	95	16. 歴史：ヨーロッパの近代化と開国	143
21. 地学：火山，地震	97	17. 歴史：近代日本の成立	145
22. 地学：大地の変化	99	18. 歴史：第一次世界大戦と日本	147
23. 地学：空気中の水蒸気の変化	101	19. 歴史：第二次世界大戦と日本	149
24. 地学：大気の動きと天気の変化	103	20. 歴史：日本の民主化と現代の世界	151
25. 地学：大気の動きと日本の天気	105		
26. 地学：地球の運動と天体の動き	107	21. 公民：現代の社会と日本国憲法	153
27. 地学：太陽系と銀河系，太陽と月	109		
		22. 公民：基本的人権の尊重	155
28. 環境：自然と人間，科学技術と人間	111	23. 公民：民主政治のしくみ，国会	157
		24. 公民：内閣，裁判所	159

★ 社会

1. 地理：世界のすがた	113	25. 公民：地方自治と市場経済	161
2. 地理：アジア州，ヨーロッパ州	115	26. 公民：生産のしくみと経済	163
3. 地理：南北アメリカ州	117	27. 公民：国民生活と福祉	165
4. 地理：アフリカ州，オセアニア州	119	28. 公民：国際社会と国際問題	167

★ 国語 ※国語は後ろ側から始まります。

5. 地理：日本のすがた	121	1. 文法：品詞分類表(自立語)	190
6. 地理：日本の人口・産業	123	2. 文法：品詞分類表(付属語)	188
7. 地理：九州地方，中国・四国地方	125	3. 文法：紛らわしい品詞の識別①	186
8. 地理：近畿地方，中部地方	127	4. 文法：紛らわしい品詞の識別②	184
9. 地理：関東地方，東北地方	129	5. 文法：紛らわしい品詞の識別③	182
10. 地理：北海道地方，身近な地域	131	6. 古典：古文の常識	180
		7. 古典：漢文の常識	178
11. 歴史：文明のおこりと日本の成り立ち	133	8. 漢字：漢字の書きトップ40 <①〜⑳>	176
12. 歴史：古代国家のあゆみ	135	9. 漢字：漢字の書きトップ40 <㉑〜㊵>	174
13. 歴史：武家政治の始まり	137		
14. 歴史：全国統一と江戸幕府の成立	139	10. 漢字：漢字の読みトップ40 <①〜⑳>	172
15. 歴史：産業の発達と幕府政治の動き	141	11. 漢字：漢字の読みトップ40 <㉑〜㊵>	170

この本の特長と使い方

★この本の特長

暗記に最も適した時間「寝る前」で、効率よく暗記！

　この本は、「寝る前の暗記が記憶の定着をうながす」というメソッドをもとにして、中学3年間の5教科の重要なところだけを集めた参考書です。

　暗記に最適な時間を上手に活用して、中学3年間の重要ポイントを効率よくおぼえましょう。

★この本の使い方

　この本は、1項目2ページ（3ページもあります）の構成になっていて、5分間で手軽に読めるようにまとめてあります。赤フィルターを使って、赤文字の要点をチェックしてみましょう。

① 1ページ目の「今夜おぼえること」（英語では「今夜のお話」）では、その項目の重要ポイントを、ゴロ合わせや図解でわかりやすくまとめてあります。また、中1や中2の内容には、しるしをつけています。

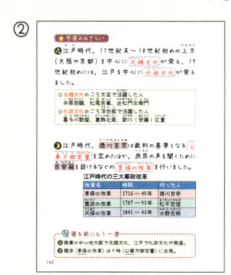

② 2ページ目の「今夜のおさらい」では、1ページ目の内容をやさしい文章でくわしく説明しています。読み終えたら、「寝る前にもう一度」で重要ポイントをもう一度確認しましょう。

1. 現在／過去／未来の文：「はじめまして」

★ 今夜のお話

Hi, I'm Lisa Green. **[中2の復習]** I was born in
こんにちは、私はリサ・グリーンです。　　　　　私はニューヨークで生まれました。

New York. **[中1の復習]** I came to Japan last month.
　　　　　　　　　　　私は先月日本に来ました。

I'm interested in Japanese food.
私は日本食に興味があります。

I often go to a sushi bar with my family.
私はよく家族とおすし屋さんへ行きます。

I like sushi, but I don't know the names
私はおすしが好きですが、魚の名前がまだわかりません。

of the fish yet.

[中2の復習] I'm going to stay in
　　　　　　私は来年まで日本に滞在する予定です。

Japan until next year.

I hope I'll make a lot of friends.
たくさん友達をつくれればいいなと思っています。

Thank you.
ありがとうございます。

★ 今夜のおさらい

🌑 be動詞は, 現在の文では **am, is, are** を, 過去の文なら `was`, `were` を使い分けるのでしたね。

🌙 過去の文では 動詞を過去形 にします。一般動詞の過去形は語尾に `ed` や `d` をつけたり, 不規則に変化したりします。

〈過去を表す語句〉
- `yesterday` morning （昨日の朝）
- `last` week （先週） `last` summer （この前の夏）
- two years `ago` （2年前） an hour `ago` （1時間前）

✨ 未来の文は, 動詞の前 に, be `going` to か `will` を入れます。あとの動詞は 原形 にします。

〈未来を表す語句〉
- `tomorrow` morning （明日の朝）
- `next` week （来週） `next` Saturday （次の土曜日）

・・💤 寝る前にもう一度・・・・・・・・・・・・・・・・
答えはp.5を見よう
🌑「私はニューヨークで生まれました」
🌙「私は先月日本に来ました」
✨「私は来年まで日本に滞在する予定です」

2. 助動詞:「早退してもいいですか」

★今夜のお話

Mr. Smith : Are you OK, Saki?
スミス先生： 大丈夫, サキ？

What's wrong?
どうしたの？

Saki : Hello, Mr. Smith. I have a
サキ： こんにちは, スミス先生。　　　　　　　頭痛がして, 寒いです。

headache and I feel cold.

中2の復習
☆ May I go home early today?
今日は早退してもいいですか。

Mr. Smith : Yes, of course.
はい, もちろんです。

Saki : Must I hand in this paper today?
今日, このレポートを提出しなければなりませんか。

中2の復習
Mr. Smith : ☾ No, you don't have to.
いいえ, その必要はありません。

中2の復習
☆ You should see a doctor.
医者に診てもらったほうがいいですよ。

Saki : OK, I will.
わかりました, そうします。

★今夜のおさらい

☆ **May I ~?** は「~してもいいですか」と許可を求める言い方です。友達同士では, **Can I ~?** をよく使います。

May I ~? や Can I ~? には, 次のように答えます。
- 「いいですよ」は, Sure . / All right. / Why not ? / Go ahead. (さあ, どうぞ。) など。
- 「いいえ, だめです」は, I'm sorry, you can't.

☾ must も have to も「~しなければならない」という意味です。否定文の意味に注意しましょう。

例 **You must not open this door.**
(あなたはこの戸を開けてはいけません。) ー禁止

You don't have to clean the window.
(あなたは窓をそうじする必要はありません。) ー不必要

✦ should は「~したほうがよい」という意味です。助動詞のあとの動詞はいつも 原形 にします。

💤 寝る前にもう一度

答えはp.7を見よう

- ☆「今日は早退してもいいですか」
- ☾「いいえ, (あなたは)その必要はありません」
- ✦「医者に診てもらったほうがいいですよ」

3. いろいろな文：「父が犬を買ってくれました」

★今夜のお話

Lisa: **Saki, I saw you near the station yesterday. You looked happy.**
リサ： サキ，昨日駅の近くであなたを見たわ。 あなたはうれしそうだったわね。

Saki: **Yeah, my dad bought me a dog!**
サキ： そうなの， 父が私に犬を買ってくれたの！

Lisa: **That's nice. What's its name?**
それはすてきね。 名前は何て言うの？

Saki: **We named it Max.**
マックスって名づけたよ。

Lisa: **Can you show Max to me sometime?**
いつか私にマックスを見せてくれる？

Saki: **Sure, anytime!**
もちろん，いつでも！

★今夜のおさらい

🌟 〈 look +形容詞〉は「〜に見える」という意味です。次の動詞も同じような文型をつくります。

- become (〜になる)
- get (〜になる)
- feel (〜と感じる)
- sound (〜に聞こえる)
- taste (〜の味がする) など

🌙 〈 buy +A+B〉は「A(人)にB(物)を買う」という意味です。次の動詞も同じような文型をつくります。

- give (AにBを与える)
- show (AにBを見せる)
- tell (AにBを伝える)
- send (AにBを送る)
- teach (AにBを教える) など

✨ 〈 name +A+B〉は「AをBと名づける」という意味です。次の動詞も同じような文型をつくります。

- call (AをBと呼ぶ)
- make (AをBにする)

💤 寝る前にもう一度・・・

答えはp.9を見よう

- 🌟 「あなたはうれしそうでした」
- 🌙 「父が私に犬を買ってくれました」
- ✨ 「私たちは(それを)マックスと名づけました」

4. 不定詞（1）：「あなたに会えてうれしい」

★ 今夜のお話

Saki: Hello, Lisa. Welcome to my house.
サキ： こんにちは、リサ。 ようこそわが家へ。

Lisa: Hi, Saki. Thank you for inviting me.
リサ： こんにちは、サキ。 招待してくれてありがとう。

Ms. Sato: Hi, Lisa. ☆ I'm happy to meet you.
佐藤さん： こんにちは、リサ。 あなたに会えてうれしいわ。

Saki told me a lot about you.
サキはあなたのことをたくさん教えてくれたわ。

Lisa: Nice to meet you, Ms. Sato.
はじめまして、佐藤さん。

Ms. Sato: ☾ Was it difficult to find our house?
私たちの家を見つけるのは難しかった？

Lisa: Not at all.
いいえ、まったく。

Saki drew me a nice map.
サキがわかりやすい地図を描いてくれました。

Saki: Oh, I'm glad to hear that.
まあ、それを聞いてうれしいわ。

★今夜のおさらい

☆ 不定詞は、感情を表す形容詞のあとにきて、「〜して」という意味で、感情の原因を表します。

be happy / glad to 〜　　〜してうれしい
be sorry to 〜　　〜して残念だ
be sad to 〜　　〜して悲しい
be surprised to 〜　　〜して驚いている

例 I was surprised to see Tom there.
（わたしはそこでトムに会って驚きました。）

☾ It … to 〜. で「〜することは…だ」という意味です。このitは形式的な主語で、「それ」という意味はありません。本当の主語はto〜です。

例 It's important to learn a foreign language.　（外国語を学ぶことは大切です。）

「〜にとって」は、不定詞の前に for 〜を入れます。

例 It was easy for him to ski.
（彼にとってスキーをすることは簡単でした。）

💤 寝る前にもう一度

答えはp.11を見よう

☆「あなたに会えてうれしいです」
☾「私たちの家を見つけることは難しかったですか」

5. 不定詞（2）:「歩いていくには遠すぎます」

★ 今夜のお話

Tom: Mr. Smith told me to go to the art museum. But I don't know how to get there. Can I walk there?
トム: スミス先生がぼくに美術館へ行くように言ったんだ。 でも、ぼくはそこへの行き方がわからないんだ。 そこへは歩いていける？

Saki: No. It's too far to go on foot. You should take the bus. Do you want me to go with you?
サキ: ううん。 歩いていくには遠すぎるわ。 バスに乗るといいわね。 いっしょに行ってあげようか。

Tom: Oh, thank you. You're so kind, Saki.
うん、ありがとう。 とっても親切だね、サキ。

Saki: I often go to the art museum to see my favorite pictures.
私は大好きな絵を見るために、よく美術館に行くの。

★今夜のおさらい

⭐ <tell 人 to ~> は「(人)に~するように言う」という意味です。同じような用法の動詞を見てみましょう。

- ask 人 to ~　　(人)に~するように頼む
- want 人 to ~　　(人)に~してほしい

🌙 how to ~ は「~のしかた」という意味です。how以外の<疑問詞+to ~>も見てみましょう。

- what to ~　　何を~するべきか
- where to ~　　どこに[で]~するべきか
- when to ~　　いつ~するべきか

例 **It was easy to decide what to buy.**
(何を買うべきか決めるのは簡単でした。)

✨ too … to ~ は「~するには…すぎる」「あまりに…すぎて~できない」という意味です。

💤 寝る前にもう一度　　　　　　　答えはp.13を見よう
- ⭐「スミス先生が私に美術館へ行くように言いました」
- 🌙「でも, 私はそこへの行き方がわかりません」
- ✨「歩いていく(足でいく)には遠すぎます」

6. 比較の文:「歴史がいちばん好き」

★今夜のお話

Saki: What subject do you like the best?
サキ: 何の教科がいちばん好き?

Tom: ★ I like history the best of all the subjects. I want to visit Nara.
トム: ぼくはすべての教科の中で歴史がいちばん好きかな。 ぼくは奈良を訪れてみたいんだ。

It's one of the oldest cities in Japan. How about you?
日本で最も古い都市の1つなんだよ。 君はどう?

Saki: I like history, too, but I think
私も歴史は好きだけど,

🌙 science is more interesting than history.
理科は歴史よりおもしろいと思うな。

Tom: Really? For me,
ほんと? ぼくにとっては,

✨ science is as difficult as math.
理科は数学と同じくらい難しいよ。

★今夜のおさらい

🌛 like ～ the (best) of [in]…は「…の中で～がいちばん好きだ」という意味です。「AよりBが好きだ」は，like B (better) (than) A と言います。

> 例 I like summer better than spring.
> （私は春より夏が好きです。）

🌙 〈比較級+than …〉は「…より～」という意味です。比較級，最上級は，形容詞や副詞の語尾にふつうはerやestをつけますが，つづりの長い語の場合は前に(more)や(most)をつけます。

> 例 My book is older than his.
> （私の本は彼のより古い。）
>
> My book is the oldest of the three.
> （私の本は3冊の中でいちばん古い。）

🌛 as ～ as …は「…と同じくらい～」という意味。(not) as ～ as …は「…ほど～でない」です。

💤寝る前にもう一度
答えはp.15を見よう
- 🌛「私はすべての教科の中で歴史がいちばん好きです」
- 🌙「理科は歴史よりおもしろい」
- 🌛「理科は数学と同じくらい難しい」

7. 受け身の文:「それはピカソによって描かれました」

★ 今夜のお話

Tom: I am impressed by this picture.
トム: ぼくはこの絵に感動しているよ。

Do you know this?
これ知ってる?

Saki: Yes, it's actually my favorite.
サキ: ええ、実はそれが私のお気に入りよ。

It was painted by Picasso.
それはピカソによって描かれたの。

It's called "the Weeping Woman."
「泣く女」と呼ばれているわ。

Tom: When was it painted?
それはいつ描かれたの?

Saki: In 1937. He painted a lot of
1937年よ。 彼はこのような絵をたくさん描いたの。

pictures like this.

★ 今夜のおさらい

🌟 「〜される」という受け身の文は〈be動詞 + 過去分詞〉の形で表します。be動詞は主語に合わせて, am, is, are を使い分けます。否定文はbe動詞のあとに not を入れます。

例 **I'm not invited to the party.**
（私はパーティーに招待されていません。）

🌙 過去の受け身の文は〈 was, were +過去分詞〉の形で表します。

例 **This book was written by Natsume Soseki.**
（この本は夏目漱石によって書かれました。）

🌟 受け身の疑問文は be動詞 を主語の前に出します。

例 **Was this house built 100 years ago?**
（この家は100年前に建てられたのですか。）

💤 寝る前にもう一度　　　　　　　答えはp.17を見よう
- 🌟「私はこの絵に感動しています」
- 🌙「それはピカソによって描かれました」
- 🌟「それはいつ描かれたのですか」

8. 現在完了形の文:「ちょうど宿題が終わったところです」

★今夜のお話

Lisa: Hi, Saki. How long have you been in the library?
リサ: こんにちは，サキ。 いつから図書館にいるの？

Saki: Hi, Lisa. I've been here since 9 a.m. I've just finished my homework.
サキ: こんにちは，リサ。 朝の9時からずっとここにいるよ。 ちょうど宿題が終わったところよ。

Lisa: Great! By the way, have you ever seen this movie?
すばらしい！ ところで， あなたは今までにこの映画を見たことがある？

Saki: No, but I've wanted to see it.
ないわ，でも見たいと思っていたのよ。

Lisa: Why don't we see it tomorrow?
明日見るのはどう？

Saki: Sure!
いいわね！

★ 今夜のおさらい

🌟 <have / has+過去分詞>は、「(ずっと)~している」という継続を表す言い方になります。

例 I have lived in this house for ten years.
(私は10年間この家に住んでいます。)

🌙 <have / has+過去分詞>は、「~したところだ」「~してしまった」という完了を表す言い方にもなります。

例 Have you finished lunch yet?
(あなたはもう昼食を食べ終えましたか。)

✨ <have / has+過去分詞>は、「~したことがある」という経験を表す言い方にもなります。

例 I've never seen this movie.
(私はこの映画を一度も見たことがありません。)

💤 寝る前にもう一度
答えはp.19を見よう
🌟「あなたはいつから(どのくらい長く)図書館にいるのですか」
🌙「私はちょうど宿題が終わったところです」
✨「あなたは今までにこの映画を見たことがありますか」

9. 関係代名詞などの文:「リサが貸してくれた本」

★ 今夜のお話

Saki: **What are you doing, Tom?**
サキ: 何をしているの、トム？

Tom: **I'm reading a book Lisa lent me.**
トム: リサが貸してくれた本を読んでいるんだ。

It's a book written by a young writer.
それは若い作家が書いた本なんだ。

Saki: **Is it the book which moved Lisa the most this year? It's about a boy traveling around the world, isn't it?**
それは今年、リサをいちばん感動させた本かな？ 世界中を旅行している少年の物語よね？

Tom: **That's right.**
その通りだよ。

★ 今夜のおさらい

🌟 **〈主語+動詞 ～〉のまとまりが，前の名詞を修飾することがあります。**

the book **I bought** yesterday
私が昨日買った本

🌙 **過去分詞や現在分詞が語句を伴って，前の名詞を修飾することがあります。**

an e-mail (written) in English　英語で書かれたメール
the girl (playing) the piano　ピアノをひいている女の子

🌟 **〈関係代名詞+動詞 ～〉のまとまりが，前の名詞を修飾している文です。関係代名詞は修飾する名詞が「人」なら (who) を，「物や動物」なら (which) を使います。**

the man (who) lives in Osaka　大阪に住んでいる男の人
the song (which) makes her happy　彼女を幸せにする歌

💤 寝る前にもう一度　　　　　　　　答えはp.21を見よう
🌟「私はリサが貸してくれた本を読んでいます」
🌙「それは若い作家によって書かれた本です」
🌟「それは今年，リサをいちばん感動させた本ですか」

10. 間接疑問の文:「何がほしいか知りたい」

★ 今夜のお話

Tom: **Lisa's birthday is next week.**
トム: リサの誕生日は来週だね。

I'd like to give her a present.
ぼく、彼女にプレゼントをあげたいんだ。

🌟 **Do you know what she wants?**
彼女が何をほしがっているのか知ってる?

Saki: **I think she wants a red wallet.**
サキ: 赤い財布をほしがっていると思うよ。

Tom: 🌙 **Can you tell me**
どこで買えるか教えてくれる?

where I can buy it?

Saki: **You can get it at ABC shop.**
ABCショップで買えるよ。

But ✨ I don't know how much it is.
でも、 それがいくらかは知らないわ。

Tom: **I hope it's not expensive.**
高くなければいいんだけど。

★今夜のおさらい

🌟 疑問詞で始まる疑問文がほかの文の中に入ると、疑問詞のあとの<mark>語順が変わります。</mark>一般動詞の疑問文は、doやdoesがなくなり、ふつうの文になります。

例
What does she want?
↓   ↓
I know what she (wants).
(私は彼女が何をほしがっているか知っています。)

🌙 助動詞のある疑問文の場合も、疑問詞のあとはふつうの文と<mark>同じ語順</mark>になります。

例 I don't know where he (will) (go).
(私は彼がどこへ行くつもりなのか知りません。)

🌟 be動詞の疑問文の場合も、疑問詞のあとは<mark>ふつうの文と同じ語順</mark>になります。

例 Do you know what (this) (is)?
(あなたはこれが何か知っていますか。)

💤 寝る前にもう一度
答えはp.23を見よう
🌟「あなたは彼女が何をほしがっているのか知っていますか」
🌙「どこでそれを買えるか教えてくれますか」
🌟「私はそれがいくらかは知りません」

★ 単語

● 名詞：月名

- January 1月
- February 2月
- March 3月
- April 4月
- May 5月
- June 6月
- July 7月
- August 8月
- September 9月
- October 10月
- November 11月
- December 12月

● 名詞：曜日名

- Sunday 日曜日
- Monday 月曜日
- Tuesday 火曜日
- Wednesday 水曜日
- Thursday 木曜日
- Friday 金曜日
- Saturday 土曜日

つづりを正しく書けるようにしておこう。

● 名詞：職業など

- teacher 教師
- student 学生，生徒
- doctor 医師
- nurse 看護師
- singer 歌手
- writer 作家
- tennis player テニスの選手

● 名詞：建物・施設など

- ☐ city — 街, 都市
- ☐ street — 通り
- ☐ library — 図書館
- ☐ museum — 博物館
- ☐ mountain — 山
- ☐ forest — 森
- ☐ park — 公園
- ☐ town — 町
- ☐ station — 駅
- ☐ hospital — 病院
- ☐ zoo — 動物園
- ☐ river — 川
- ☐ village — 村
- ☐ flower — 花

● 動詞

- ☐ read — 読む
- ☐ speak — 話す
- ☐ ask — たずねる
- ☐ teach — 教える
- ☐ cook — 料理する
- ☐ visit — 訪問する
- ☐ sing — 歌う
- ☐ remember — 覚えている
- ☐ build — 建てる
- ☐ stand — 立つ
- ☐ wait — 待つ
- ☐ buy — 買う
- ☐ write — 書く
- ☐ practice — 練習する
- ☐ answer — 答える
- ☐ learn — 学ぶ
- ☐ wash — 洗う
- ☐ stay — 滞在する
- ☐ dance — 踊る
- ☐ forget — 忘れる
- ☐ break — こわす
- ☐ sit — すわる
- ☐ move — 移動する
- ☐ find — 見つける

● 形容詞・副詞

- [ ] young 若い
- [ ] popular 人気のある
- [ ] interesting おもしろい
  → funny や exciting とも言える。
- [ ] difficult / hard 難しい
- [ ] favorite お気に入りの
- [ ] fast 速い, 速く
- [ ] busy 忙しい
- [ ] important 大切な/重要な
- [ ] angry 怒った
- [ ] always いつも
- [ ] often しばしば

- [ ] happy 幸せな
- [ ] famous 有名な
- [ ] beautiful 美しい
- [ ] easy 簡単な
- [ ] foreign 外国の
- [ ] early 早い, 早く
- [ ] free ひまな
- [ ] tired 疲れた
- [ ] clean きれいな
- [ ] usually たいてい
- [ ] sometimes ときどき

● 前置詞

- [ ] after lunch
  昼食後に
- [ ] without an umbrella
  かさを持たないで
- [ ] until noon
  正午まで (ずっと)
- [ ] by noon
  正午までに
- [ ] near my house
  私の家の近くに

- [ ] before breakfast
  朝食前に
- [ ] under the table
  テーブルの下に

正午までずっと (until) 正午
正午までに (by)

- [ ] during the summer
  夏の間 (中) に

★ 熟語

●動詞を中心にした熟語

have ☐ **a good time**
　　　　　楽しい時間を過ごす
　　　☐ **fun**
　　　　楽しむ
　　　☐ **a cold**
　　　　かぜをひいている

take ☐ **a picture**
　　　　写真を撮る
　　　☐ **a bus**
　　　　バスに乗る
　　　☐ **care of the dog**
　　　　犬の世話をする

☐ look (at) the picture
写真を見る

☐ get (up) at six
6時に起きる

☐ (get) (on) the bus
バスに乗る

☐ (get) (off) the bus
バスを降りる

☐ (hear) from him
彼から連絡［便り］がある

☐ (wait) (for) them
彼らを待つ

☐ try (on) a shirt
シャツを試着する

☐ (help) me (with) my homework
私の宿題を手伝う

☐ look (forward) (to) seeing you
あなたに会うのを楽しみに待つ

☐ (listen) (to) music
音楽を聞く

☐ get (to) Sapporo
札幌に着く

☐ (agree) with Ken
健に同意する

● be動詞で始まる熟語

- be **interested** **in** American culture
  アメリカ文化に興味がある
- be **good** **at** speaking English
  英語を話すのが得意だ
- be **different** from your opinion
  あなたの意見と異なる
- be **famous** **for** its cherry trees
  桜の木で有名だ
- be **late** **for** school
  学校に遅れる

● 前置詞で始まる熟語など

- at **first**
  最初は
- in **front** of my house
  私の家の前で
- of **course**
  もちろん
- for a **long** time
  長い間
- **between** Tom **and** I
  トムと私の間に

- at **last**
  最後は、ついに
- **after** school
  放課後
- for **example**
  たとえば
- **for** the **first** time
  初めて
- all **over** the world
  世界中で

★ 会話表現

● 電話

- ☐ (May / Can) I speak to Tom, please? — (Speaking.)
  トムをお願いします。— 私です。
- ☐ Shall I (take) a message?
  伝言をおうかがいしましょうか。
- ☐ Can I (leave) a message?
  伝言をお願いできますか。
- ☐ (Thank) you (for) calling.
  電話をくれてありがとう。
- ☐ You have the (wrong) number.
  番号が違います。
- ☐ Just a minute, please. (ちょっと待ってください。)

> よく出る表現を場面ごとに覚えよう。

● 買い物

- ☐ (May / Can) (I) help you?
  お手伝いしましょうか。/いらっしゃいませ。
- ☐ I'm (looking) (for) a sweater.
  セーターを探しています。
- ☐ (How / What) (about) this red one?
  この赤い色のものはいかがですか。
- ☐ Do you have a (smaller) (one)?
  もっと小さいのはありますか。
- ☐ I'll (take / buy) it.
  それをいただきます。
- ☐ (How) (much) is it?
  いくらですか。

● 道案内

- ☐ **Could / Would** you **tell / show** me the way to the station?
  駅へ行く道を教えていただけますか。
- ☐ **How** can I **get / go** to the museum?
  博物館へはどのようにして行くことができますか。
- ☐ **Turn** **right** at the second corner.
  2つ目の角を右に曲がってください。
- ☐ You'll see it **on** your **left**. You can't miss it.
  左手にそれが見えます。見逃すことはありません。
- ☐ **How** **long** does it **take** to get there?
  そこに着くのにどれくらい時間がかかりますか。
- ☐ I'm sorry, I'm a **stranger** here.
  すみませんが、私はこの辺はよく知らないんです。

会話表現は
リスニングでもよく出るよ。

● 乗り物の案内

- ☐ Can you tell me **how** **to** get to the stadium?
  競技場への行き方を教えてくれませんか。
- ☐ You can get there **by** bus.
  バスでそこへ行くことができます。
- ☐ **Take** that yellow bus.
  あの黄色いバスに乗ってください。
- ☐ **Which** bus **goes** to Shibuya Station?
  どのバスが渋谷駅に行きますか。
- ☐ **Where** **should** I get off?
  どこで降りればいいですか。

英語

● 体調を気づかう・伝える
- ☐ [What's] [wrong]?   ☐ [What's] the matter?
  どうしましたか。   どうしましたか。
- ☐ I [have] a headache. — That's too [bad].
  頭痛がします。 — それはお気の毒に。
- ☐ [How] do you feel today? — I feel much [better].
  今日の気分はどうですか。 — ずっと気分がいいです。

● あいさつなど
- ☐ [Nice] [to] meet you.
  はじめまして。
- ☐ [Thank] you [for] helping me. — You're [welcome].
  手伝ってくれてありがとう。 — どういたしまして。
- ☐ I'm [sorry] I'm late. — That's all [right].
  遅れてすみません。 — いいんですよ。

● 誘う・提案する

明日、買い物に行きませんか。
- ☐ [Would] you like [to] go shopping with me tomorrow?
- ☐ [Why] [don't] we go shopping tomorrow?
- ☐ [Shall] we go shopping tomorrow?
- ☐ How [about] [going] shopping tomorrow?

> 1つの日本語の文でも
> 色んな表現のしかたがあるんだね。

1. 数と式：正負の数の計算

★ 今夜おぼえること

中1の復習

⭐ **減法は，ひく数の符号を変えて加法に直して計算。**

例　(−7)−(−4) = (−7)+(+4) = −3
　　　　　　　減法を加法に
　　　　　　　符号を変える

中1の復習

🌙 **四則の混じった計算は，( )の中・累乗（るいじょう）→ × ・ ÷ → ＋ ・ − の順に計算。**

例　13+(3−8)×(−2)²　　　( )の中・累乗
　= 13+(−5)×4　　　　　　乗法
　= 13+(−20)　　　　　　　加法
　= −7

計算順序をよく考えてから計算するんだよ。

★今夜のおさらい

☆ 同じ符号の2つの数の和は、絶対値の[和]に、[共通]の符号をつけ、異なる符号の2つの数の和は、絶対値の[差]に、絶対値の[大きい]ほうの符号をつけます。また、減法は、ひく数の[符号]を変えて、[加法]に直して計算します。

例
$(-3)+(-5)=[-](3+5)=[-8]$
$(+3)+(-7)=[-](7-3)=[-4]$
$(-4)-(+6)=(-4)+[(-6)]=[-10]$

☽ 四則の混じった計算は、( )の中・[累乗]→[乗法]・除法→加法・[減法]の順に計算します。

なお、いくつかの数の積の符号は、負の数が偶数個なら[+]、奇数個なら[-]です。

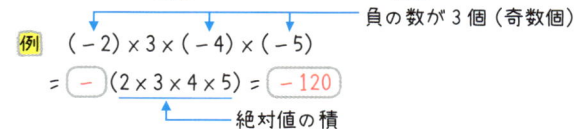

例
　　　　　　　負の数が3個（奇数個）
$(-2)×3×(-4)×(-5)$
$=[-](2×3×4×5)=[-120]$
　　　絶対値の積

💤寝る前にもう一度
- ☆ 減法は、ひく数の符号を変えて加法に直して計算。
- ☽ 四則の混じった計算は、( )の中・累乗→×・÷→+・-の順に計算。

2. 数と式：式の計算の基本

★ 今夜おぼえること

中2の復習

✭✭ かっこをはずすときは，＋( )はそのまま，－( )はかっこ内の各項の符号を変える。

例 $3a + (a - 5b) = 3a + a - 5b$ ← そのままかっこをはずす
   　　　　　　　 $= 4a - 5b$

　　$5x - (4x - 3y) = 5x - 4x + 3y$ ← 各項の符号を変えてかっこをはずす
   　　　　　　　　 $= x + 3y$

🌙 (単項式)×(多項式)は，単項式を多項式のすべての項にかける。

(数)×(多項式)と同じように計算できるね。

例 $2x(3x + 4y) = 2x \times 3x + 2x \times 4y$
   　　　　　　　　　　↑ 分配法則を利用
   　　　　　　 $= 6x^2 + 8xy$

★今夜のおさらい

😊 **多項式の加法・減法では，+( )は そのまま ，
−( )はかっこ内の各項の 符号 を変えてかっこを
はずしてから計算します。**

例　$(3a+2b)-(2a-5b)$ ← 各項の符号を変えて
　　$=3a+2b\ \boxed{-2a+5b}$ ← かっこをはずす
　　$=\boxed{a+7b}$ ← 同類項をまとめる

🌙 **（単項式）×（多項式）は， 分配法則 を使って，
単項式を多項式のすべての 項 にかけます。
　また，（多項式）÷（単項式）は，わる数の 逆数
をかけて計算します。**

例　$3a(a-4b)=3a\times\boxed{a}+3a\times(\boxed{-4b})$
　　　　　　　$=\boxed{3a^2-12ab}$

$(6x^2+9x)\div\boxed{\dfrac{3}{2}x}=(6x^2+9x)\times\boxed{\dfrac{2}{3x}}$ ← 逆数をかける
$=6x^2\times\boxed{\dfrac{2}{3x}}+9x\times\boxed{\dfrac{2}{3x}}=\boxed{4x+6}$

💤 寝る前にもう一度

- 😊 かっこをはずすときは，+( )はそのまま，−( )は
かっこ内の各項の符号を変える。
- 🌙 （単項式）×（多項式）は，単項式を多項式のすべての項
にかける。

3. 数と式：展開と因数分解

★ 今夜おぼえること

☆ 展開の基本公式は、
$$(a+b)(c+d) = ac + ad + bc + bd$$

乗法公式

● $x+a$ と $x+b$ の積

$$(x+a)(x+b) = x^2 + (a+b)x + ab$$

　　　　　　　　　　↑和　　↑積

例　$(x+2)(x+3) = x^2 + (2+3)x + 2 \times 3 = x^2 + 5x + 6$

● 和・差の平方 ▶ $(x \pm a)^2 = x^2 \pm 2ax + a^2$

例　$(x+3)^2 = x^2 + 2 \times 3 \times x + 3^2 = x^2 + 6x + 9$

● 和と差の積 ▶ $(x+a)(x-a) = x^2 - a^2$ ← 2乗の差

☾ 乗法公式を逆向きに使えば、因数分解の公式になる。

例　$x^2 + 7x + 12$ ← 和が7, 積が12になる2数をさがす
　$= x^2 + (3+4)x + 3 \times 4$ ┐公式 $x^2 + (a+b)x + ab$
　$= (x+3)(x+4)$ 　　　　　 ┘　$= (x+a)(x+b)$ を利用

★今夜のおさらい

🌠 式を展開するには、下の公式を利用するとよいです。乗法公式は、自分でつくることができます。

① 展開の基本公式

$$(a+b)(c+d) = ac + \boxed{ad} + bc + \boxed{bd}$$

② 乗法公式
- ①の式で $a=x, b=a, c=x, d=b$ とする。
$$(x+a)(x+b) = x^2 + \boxed{(a+b)}x + \boxed{ab} \cdots ☆$$
- ☆の式で $b=a$ とする。
$$(x+a)^2 = x^2 + \boxed{2a}x + \boxed{a^2}$$
- ☆の式で $a=-a, b=-a$ とする。
$$(x-a)^2 = x^2 - \boxed{2a}x + \boxed{a^2}$$

  まん中の符号が変わるだけ

  例 $(x-5)^2 = x^2 - 2 \times \boxed{5} \times x + \boxed{5^2} = x^2 - \boxed{10}x + \boxed{25}$

- ☆の式で $b=-a$ とする。
$$(x+a)(x-a) = \boxed{x^2 - a^2}$$

🌙 上の乗法公式を 逆 向きに使うと、 **因数分解** の公式になります。

例 $x^2 - 49 = x^2 - \boxed{7}^2 = (x + \boxed{7})(x - \boxed{7})$

公式 $x^2 - a^2 = (x+a)(x-a)$ を利用

💤 寝る前にもう一度

- 🌠 展開の基本公式は、$(a+b)(c+d) = ac + ad + bc + bd$
- 🌙 乗法公式を逆向きに使えば、因数分解の公式になる。

4. 数と式：平方根の計算

★今夜おぼえること

☆ $\sqrt{}$ のある式の乗除は、1つの $\sqrt{}$ 内で計算。2乗は $\sqrt{}$ の外へ。

乗法▶ $\sqrt{a} \times \sqrt{b} = \sqrt{a \times b}$

　例　$\sqrt{2} \times \sqrt{3} = \sqrt{2 \times 3} = \sqrt{6}$

除法▶ $\dfrac{\sqrt{a}}{\sqrt{b}} = \sqrt{\dfrac{a}{b}}$ 　例　$\sqrt{6} \div \sqrt{3} = \dfrac{\sqrt{6}}{\sqrt{3}} = \sqrt{\dfrac{6}{3}} = \sqrt{2}$

変形▶ $\sqrt{a^2 b} = a\sqrt{b}$ 　例　$\sqrt{20} = \sqrt{2^2 \times 5} = 2\sqrt{5}$

分母の有理化▶ $\dfrac{a}{\sqrt{b}} = \dfrac{a \times \sqrt{b}}{\sqrt{b} \times \sqrt{b}} = \dfrac{a\sqrt{b}}{b}$

　例　$\dfrac{2}{\sqrt{3}} = \dfrac{2 \times \sqrt{3}}{\sqrt{3} \times \sqrt{3}} = \dfrac{2\sqrt{3}}{3}$

☾ $m\sqrt{a} \pm n\sqrt{a}$ は、$\sqrt{a}$ でまとめることができる。

$$m\sqrt{a} \pm n\sqrt{a} = (m \pm n)\sqrt{a}$$

★今夜のおさらい

🌟 **根号をふくむ式では,次の式が成り立ちます。**

乗法 ▶ $\sqrt{a} \times \sqrt{b} = \boxed{\sqrt{a \times b}}$ **除法** ▶ $\dfrac{\sqrt{a}}{\sqrt{b}} = \boxed{\sqrt{\dfrac{a}{b}}}$

変形 ▶ $\sqrt{a^2 b} = \boxed{a\sqrt{b}}$

分母の有理化 ▶ $\dfrac{a}{\sqrt{b}} = \dfrac{a \times \sqrt{b}}{\sqrt{b} \times \sqrt{b}} = \boxed{\dfrac{a\sqrt{b}}{b}}$

例) $\dfrac{5}{2\sqrt{3}} = \dfrac{5 \times \boxed{\sqrt{3}}}{2\sqrt{3} \times \boxed{\sqrt{3}}} = \dfrac{5 \times \boxed{\sqrt{3}}}{2 \times \boxed{3}} = \boxed{\dfrac{5\sqrt{3}}{6}}$

🌙 $\sqrt{}$ の中が同じ数は,[同類項]と同じように考えて,[まとめる]ことができます。

$$m\sqrt{a} \pm n\sqrt{a} = \boxed{(m \pm n)\sqrt{a}}$$

例) $5\sqrt{2} - \sqrt{8} = 5\sqrt{2} - \boxed{2\sqrt{2}} = (5 - \boxed{2})\sqrt{2} = \boxed{3\sqrt{2}}$
 └ まず,変形 ┘

💤 寝る前にもう一度

🌟 根号をふくむ式では,$\sqrt{a} \times \sqrt{b} = \sqrt{a \times b}$, $\dfrac{\sqrt{a}}{\sqrt{b}} = \sqrt{\dfrac{a}{b}}$,
$\sqrt{a^2 b} = a\sqrt{b}$, $\dfrac{a}{\sqrt{b}} = \dfrac{a\sqrt{b}}{b}$ が成り立つ。

🌙 $m\sqrt{a} \pm n\sqrt{a}$ は,$\sqrt{a}$ でまとめることができる。
$m\sqrt{a} \pm n\sqrt{a} = (m \pm n)\sqrt{a}$

5. 方程式：1次方程式と連立方程式

★ 今夜おぼえること

【中1の復習】

☆☆ 1次方程式は、移項して $ax=b$ の形に整理して解く。

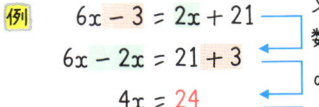

例
$$6x - 3 = 2x + 21$$
$$6x - 2x = 21 + 3$$
$$4x = 24$$
$$x = 6$$

- 文字の項を左辺に、数の項を右辺に移項
- $ax=b$ の形に整理
- 両辺を x の係数 a でわる

【中2の復習】

🌙 連立方程式は、1つの文字がどうすれば消えるかを考える。

加減法 ▶ 1つの文字の係数をそろえ、2式をたしたりひいたりする。

例
$$\begin{cases} 2x + y = 7 & \cdots ① \\ 4x - y = 5 & \cdots ② \end{cases}$$

$$\begin{array}{r} 2x + y = 7 \\ +)\ 4x - y = 5 \end{array}$$

① + ② で y を消去して、$6x = 12$, $x = 2$

$x = 2$ を①に代入して、$2 \times 2 + y = 7$, $y = 3$

代入法 ▶ $x = \sim$ または $y = \sim$ の形の式を他方の式に代入する。

★今夜のおさらい

✿基本的な1次方程式の解き方

①文字の項を左辺に，数の項を右辺に 移項 。
② $ax=b$ の形に整理。
③両辺を x の 係数 a でわる。

例
$5x - 7 = x + 5$ …①
$5x \boxed{-x} = 5 \boxed{+7}$ …②
$\boxed{4}x = \boxed{12}$ …③
$x = \boxed{3}$

☾連立方程式は， 加減法 か 代入法 で，1つの文字を 消去 して解きます。

加減法 ▶ 1つの文字の 係数 をそろえ，2式を 加減 。

例
$\begin{cases} 5x - 2y = 19 & \cdots ① \\ 2x + y = 4 & \cdots ② \end{cases}$ ➡ $\begin{array}{r} 5x - 2y = 19 \quad \cdots ① \\ +)\ 4x + 2y = 8 \quad \cdots ② \times 2 \\ \hline \end{array}$

① + ② × 2で $\boxed{y}$ を消去して，$9x = \boxed{27}$ ，$x = \boxed{3}$
$x = \boxed{3}$ を②に代入して，$2 \times \boxed{3} + y = 4$, $y = \boxed{-2}$

代入法 ▶ $x = \sim$ か $y = \sim$ の形の式を他方の式に 代入 。

例
$\begin{cases} y - x = 2 & \cdots ① \\ 2x - y = 1 & \cdots ② \end{cases}$　①より，$y = \boxed{x+2}$ …③
まず $y = \sim$ の形に変形

③を②に代入して，$2x - \boxed{(x+2)} = 1$, $x = \boxed{3}$
$x = \boxed{3}$ を③に代入して，$y = \boxed{3} + 2$, $y = \boxed{5}$

💤 寝る前にもう一度

✿ 1次方程式は，移項して $ax = b$ の形に整理して解く。
☾ 連立方程式は，1つの文字がどうすれば消えるかを考える。

6. 方程式：2次方程式

★ 今夜おぼえること

★★ 因数分解による解き方 ▶ 左辺を因数分解して、2つの式の積のどちらかが0であることを利用して解く。

例
$x^2 + x - 20 = 0$
$(x - 4)(x + 5) = 0$ ← 左辺を因数分解
$x - 4 = 0$ または, $x + 5 = 0$ だから, $x = 4$, $x = -5$

☾ 解の公式の利用 ▶ 2次方程式 $ax^2 + bx + c = 0$ の解は,

$$x = \frac{-b \pm \sqrt{b^2 - 4ac}}{2a}$$

解の公式は絶対おぼえておこう。

例 2次方程式 $3x^2 + 5x + 1 = 0$ の解は, 解の公式に $a = 3$, $b = 5$, $c = 1$ を代入して,

$$x = \frac{-5 \pm \sqrt{5^2 - 4 \times 3 \times 1}}{2 \times 3} = \frac{-5 \pm \sqrt{25 - 12}}{6} = \frac{-5 \pm \sqrt{13}}{6}$$

★今夜のおさらい

☆ 2次方程式は、左辺が 因数分解 できるときは 因数分解 し、A×B＝0 ならば、A＝0 または、B＝0 を利用して解きます。

例）　$x^2 - 5x - 24 = 0$
　　　$(x+3)(x-8) = 0$　←左辺を因数分解
　　　$x+3 = 0$ または、$x-8 = 0$ だから、$x = -3$, $x = 8$

☽ 2次方程式 $ax^2 + bx + c = 0$ の解は、

$$x = \frac{-b \pm \sqrt{b^2 - 4ac}}{2a}$$

で求められます。これを2次方程式の 解の公式 といい、この公式を使うと、機械的に解を求めることができます。

例）　$2x^2 + 3x - 1 = 0$ の解は、解の公式に $a = 2$, $b = 3$, $c = -1$ を代入して、

$$x = \frac{-3 \pm \sqrt{3^2 - 4 \times 2 \times (-1)}}{2 \times 2} = \frac{-3 \pm \sqrt{9 + 8}}{4} = \frac{-3 \pm \sqrt{17}}{4}$$

💤 寝る前にもう一度

☆ 因数分解による解き方 ▶ 左辺を因数分解して、2つの式の積のどちらかが0であることを利用して解く。

☽ 解の公式の利用 ▶ 2次方程式 $ax^2 + bx + c = 0$ の解は、

$$x = \frac{-b \pm \sqrt{b^2 - 4ac}}{2a}$$

7. 関数：比例と反比例

★今夜おぼえること

中1の復習

⭐ **比例の式** ▶ $y = ax$ （$a \neq 0$, a は比例定数）

比例のグラフ ▶ **原点を通る直線。**

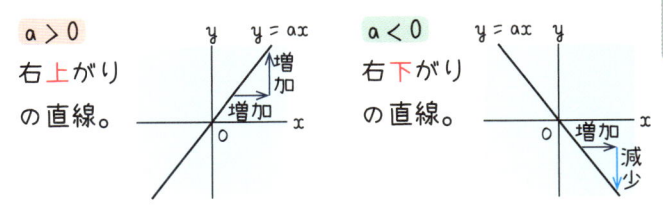

a > 0
右**上**がり
の直線。

a < 0
右**下**がり
の直線。

中1の復習

🌙 **反比例の式** ▶ $y = \dfrac{a}{x}$ （$a \neq 0$, a は比例定数）

反比例のグラフ ▶ **双曲線**

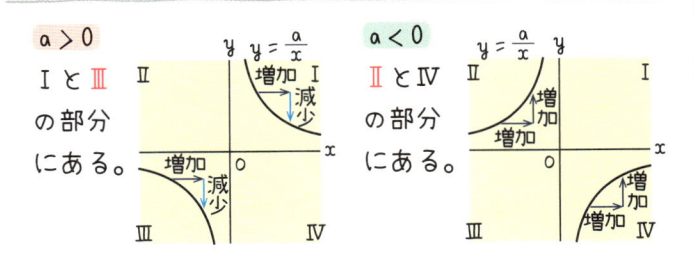

a > 0
ⅠとⅢ
の部分
にある。

a < 0
ⅡとⅣ
の部分
にある。

★今夜のおさらい

🌟 y が x の関数で、式が $y = \boxed{ax}$ で表されるとき、**y は x に比例する** といい、a を 比例定数 といいます。

$y = ax$ のグラフは、原点 を通る 直線 です。

ですから、グラフをかくには、原点 と、原点以外を通る 1点 がわかればかくことができます。

🌙 y が x の関数で、式が $y = \boxed{\dfrac{a}{x}}$ で表されるとき、**y は x に反比例する** といい、a を 比例定数 といいます。

$y = \dfrac{a}{x}$ のグラフは、原点 について 対称 な2つのなめらかな曲線（双曲線）になります。

このことから、点 (p, q) がグラフ上にあるとき、点 $(\boxed{-p}, \boxed{-q})$ もグラフ上にあります。

💤 寝る前にもう一度

- 🌟 比例の式 ▶ $y = ax$　比例のグラフ ▶ 原点を通る直線。
- 🌙 反比例の式 ▶ $y = \dfrac{a}{x}$　反比例のグラフ ▶ 双曲線

8. 関数：1次関数

★ 今夜おぼえること

中2の復習

⭐ 1次関数の式 ▶ $y = \underline{ax} + \underline{b}$ (a, b は定数, $a \neq 0$)

- $\underline{ax}$ … x に比例する部分
- $\underline{b}$ … 定数の部分

$b = 0$ のとき, $y = ax$
つまり, 比例も1次関数だよ。

● $y = ax + b$ の変化の割合は<u>一定</u>で, x の係数 a に等しい。

$$\text{変化の割合} = \frac{y \text{の増加量}}{x \text{の増加量}} = a$$

中2の復習

🌙 $y = ax + b$ のグラフは, 傾きが a, 切片が b の <u>直線</u>。

傾き ▶ x が1だけ増加したときの <u>y の増加量</u>

切片 ▶ グラフが y 軸と交わる点の <u>y 座標</u>

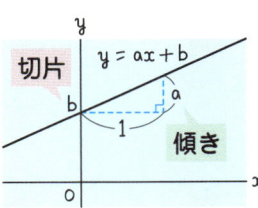

グラフの特徴 ▶ $a > 0$ のとき, 右<u>上</u>がり
$a < 0$ のとき, 右<u>下</u>がり

★ 今夜のおさらい

🌟 yがxの関数で、式が y = $\boxed{ax+b}$ で表されるとき、**y は x の 1 次関数である**といいます。

> 例 $6x - 2y = 4$ ➡ 変形すると、y = $\boxed{3x-2}$
> y = ax + b で、a = $\boxed{3}$, b = $\boxed{-2}$ の場合だから、
> y は x の 1 次関数である。

y = ax + b の変化の割合は $\boxed{一定}$ で、x の $\boxed{係数\ a}$ に等しいです。

変化の割合 = $\dfrac{\boxed{yの増加量}}{\boxed{xの増加量}}$ = a

🌙 1次関数 y = ax + b のグラフは、**傾き**が $\boxed{a}$, **切片**が $\boxed{b}$ の**直線**です。
  ↑ xが $\boxed{1}$ だけ増加したときの $\boxed{y}$ の増加量
  ↑ グラフが y 軸と交わる点の $\boxed{y座標}$

なお、y = ax + b のグラフは、**a > 0** のとき右 $\boxed{上}$ がり、**a < 0** のとき右 $\boxed{下}$ がりの直線です。

💤 寝る前にもう一度

🌟 1次関数の式 ▶ y = ax + b
🌙 y = ax + b のグラフは、傾きが a, 切片が b の直線。

9. 関数：2乗に比例する関数

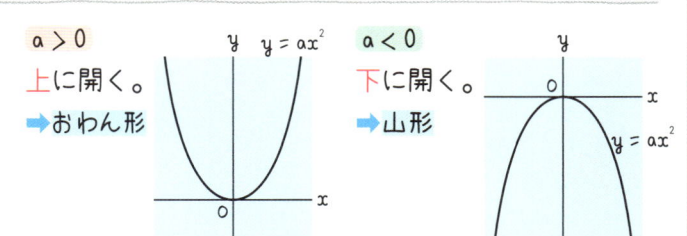

★ 今夜おぼえること

２乗に比例する関数の式 ▶ $y = ax^2$ （$a \neq 0$, a は比例定数）

●関数 $y = ax^2$ の変化の割合は<u>一定</u>ではない。

例　$y = 2x^2$ で，x が ① 2 から 4 まで，② 3 から 5 まで増加するときの，それぞれの変化の割合は，

① $\cdots \dfrac{2 \times 4^2 - 2 \times 2^2}{4 - 2} = 12$　　② $\cdots \dfrac{2 \times 5^2 - 2 \times 3^2}{5 - 3} = 16$

　　　　　　　　　　　　一定ではない

比例や1次関数とちがうね。

🌙 $y = ax^2$ のグラフは，<u>原点</u>を<u>頂点</u>とし，y 軸について<u>対称</u>な<u>放物線</u>。

$a > 0$
上に開く。
➡ おわん形

$y = ax^2$

$a < 0$
下に開く。
➡ 山形

$y = ax^2$

★今夜のおさらい

🌟 y が x の関数で、式が $y = \boxed{ax^2}$ で表されるとき、**y は x の2乗に比例する**といい、a を $\boxed{比例定数}$ といいます。

式の求め方

例 y は x の2乗に比例し、$x = 2$ のとき $y = 12$ である関数の式を求めるには、$y = \boxed{ax^2}$ に $x = \boxed{2}$, $y = \boxed{12}$ を代入して、$\boxed{12} = a \times \boxed{2^2}$, $12 = \boxed{4a}$, $a = \boxed{3}$
よって、求める式は、$y = \boxed{3x^2}$

なお、関数 $y = ax^2$ の変化の割合は、$\boxed{一定}$ ではありません。

🌙 関数 $y = ax^2$ のグラフは、$\boxed{原点}$ を頂点とし、$\boxed{y}$ 軸について対称な $\boxed{放物線}$ とよばれる**曲線**です。

グラフと対応 ▶ グラフからわかるように、関数 $y = ax^2$ で、x の変域に 0 をふくむ場合、
$a > 0$ のとき、y の値は最小値 $\boxed{0}$ をとります。
$a < 0$ のとき、y の値は最大値 $\boxed{0}$ をとります。

> 💤 **寝る前にもう一度**
> 🌟 2乗に比例する関数の式 ▶ $y = ax^2$
> 🌙 $y = ax^2$ のグラフは、原点を頂点とし、y 軸について対称な放物線。

10. 図形：図形の計量

★ 今夜おぼえること

【中1の復習】
★★ おうぎ形の弧の長さと面積 ▶ 円の周の長さと面積を $\dfrac{a}{360}$ 倍する。

$\ell = 2\pi r \times \dfrac{a}{360}$

$S = \pi r^2 \times \dfrac{a}{360}$

（r…半径, a…中心角
ℓ…おうぎ形の弧の長さ
S…おうぎ形の面積）

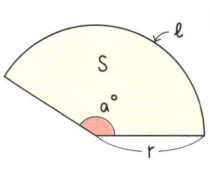

【中1の復習】
ゴロ合わせ 球の表面積 ▶ 心 配 ある 事情
　　　　　　　　　　　　　4　π　r　2乗

ゴロ合わせ 球の体積 ▶ 身の上 心 配 ある ので 参上
　　　　　　　　　　　$\dfrac{4}{3}$　　π　r　　3乗

① 球の表面積と体積（r…半径, S…表面積, V…体積）

表面積 ▶ $S = 4\pi r^2$　　体積 ▶ $V = \dfrac{4}{3}\pi r^3$

② 立体の体積（S…底面積, h…高さ）

角柱・円柱の体積 ▶ $V = Sh$

角錐・円錐の体積 ▶ $V = \dfrac{1}{3}Sh$

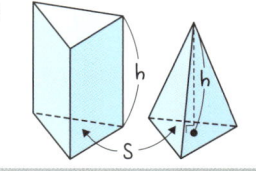

★今夜のおさらい

☆ 半径 r、中心角 $a°$ のおうぎ形の弧の長さを ℓ、面積を S とすると、$\ell = 2\pi r \times \boxed{\dfrac{a}{360}}$

$S = \boxed{\pi r^2} \times \dfrac{a}{360}$ または、$S = \dfrac{1}{2}\boxed{\ell r}$

☾ 立体の表面積は、次のようになります。

角柱・円柱の表面積 = 側面積 + 底面積 × 2

角錐・円錐の表面積 = 側面積 + 底面積

また、角錐・円錐の体積は、底面積と高さが等しい角柱・円柱の体積の $\dfrac{1}{3}$ です。

例 底面の半径が 2cm、高さが 6cm の円錐の体積は、

$$\dfrac{1}{3} \times \pi \times \underbrace{2^2}_{底面積} \times \underset{\uparrow 高さ}{6} = 8\pi \ (cm^3)$$

💤 寝る前にもう一度

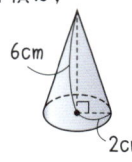

☆ おうぎ形の弧の長さ… $\ell = 2\pi r \times \dfrac{a}{360}$、面積… $S = \pi r^2 \times \dfrac{a}{360}$

☾ 球の表面積… $S = 4\pi r^2$、球の体積… $V = \dfrac{4}{3}\pi r^3$

角柱・円柱の体積… $V = Sh$、角錐・円錐の体積… $V = \dfrac{1}{3}Sh$

11. 図形：合同と相似

★ 今夜おぼえること

中2の復習
✪ 三角形の合同条件

① 3組の辺がそれぞれ等しい。

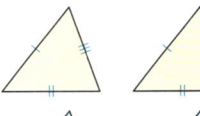

② 2組の辺とその間の角がそれぞれ等しい。

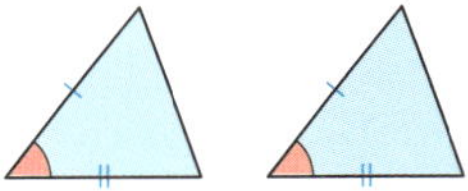

③ 1組の辺とその両端の角がそれぞれ等しい。

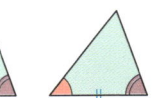

☽ 三角形の相似条件

① 3組の辺の比がすべて等しい。

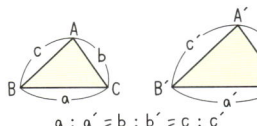

$a:a' = b:b' = c:c'$

② 2組の辺の比とその間の角がそれぞれ等しい。

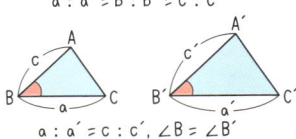

$a:a' = c:c'$, $\angle B = \angle B'$

③ 2組の角がそれぞれ等しい。

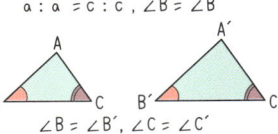

$\angle B = \angle B'$, $\angle C = \angle C'$

★ 今夜のおさらい

✪ 三角形の合同条件
① 3 組の 辺 がそれぞれ等しい。
② 2 組の 辺 とその間の 角 がそれぞれ等しい。
③ 1 組の 辺 とその両端の 角 がそれぞれ等しい。

　また, 2 つの直角三角形では, 次の合同条件が成り立ちます。

直角三角形の合同条件
① 斜辺 と 1 つの 鋭角 がそれぞれ等しい。
② 斜辺 と他の 1 辺 がそれぞれ等しい。

☾ 三角形の相似条件
① 3 組の 辺の比 がすべて等しい。
② 2 組の 辺の比 とその間の 角 がそれぞれ等しい。
③ 2 組の 角 がそれぞれ等しい。

> 💤 寝る前にもう一度
> ✪ 2 つの三角形は, 次のどれかが等しければ, 合同である。
> 　①3辺　②2辺とその間の角　③1辺とその両端の角
> ☾ 2 つの三角形は, 次のどれかが等しければ, 相似である。
> 　①3辺の比　②2辺の比とその間の角　③2組の角

12. 図形：三平方の定理

★今夜おぼえること

三平方の定理 ▶ $a^2 + b^2 = c^2$

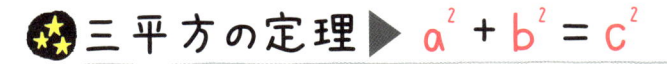

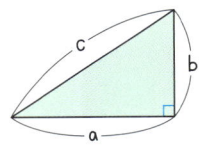

直角三角形では、斜辺の長さがいつもいちばん長いよ。

●三平方の定理の利用

①特別な直角三角形の辺の比

- 直角二等辺三角形

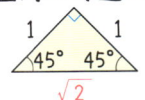

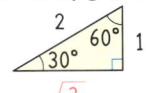

  辺：1, 1, $\sqrt{2}$、角：45°, 45°

  ➡ $1 : 1 : \sqrt{2}$ ↰斜辺

- 60°の角をもつ直角三角形

  辺：2, 1, $\sqrt{3}$、角：30°, 60°

  ➡ $1 : 2 : \sqrt{3}$ ↰斜辺

②正三角形の高さと面積

$h = \dfrac{\sqrt{3}}{2}a$

$S = \dfrac{\sqrt{3}}{4}a^2$

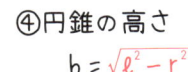

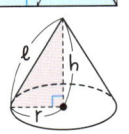

③直方体の対角線の長さ

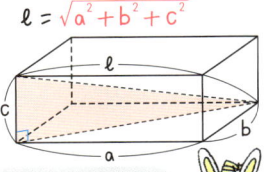

$\ell = \sqrt{a^2 + b^2 + c^2}$

1辺aの立方体の対角線の長さは$\sqrt{3}a$だよ。

④円錐の高さ

$h = \sqrt{\ell^2 - r^2}$

★今夜のおさらい

🌟 **三平方の定理** ▶ 直角三角形の直角をはさむ2辺の長さを a, b, 斜辺の長さを c とすると, 次の関係が成り立ちます。

$a^2 + b^2 = \boxed{c^2}$

三平方の定理は, その逆も成り立ちます。

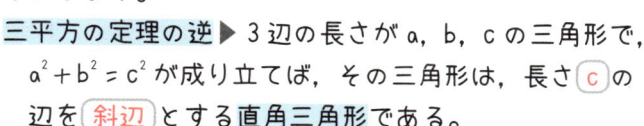

三平方の定理の逆 ▶ 3辺の長さが a, b, c の三角形で, $a^2 + b^2 = c^2$ が成り立てば, その三角形は, 長さ $\boxed{c}$ の辺を $\boxed{斜辺}$ とする**直角三角形**である。

🌙 **三平方の定理の利用** ▶ 図形の中の直角三角形に目をつけ, その三角形に前ページなどの関係が使えないか考えるとよいです。

> 例 たての長さが2cm, 横の長さが4cmの長方形の対角線の長さは,
> $\sqrt{2^2 + \boxed{4^2}} = \sqrt{\boxed{20}} = \boxed{2\sqrt{5}}$ (cm)

💤 寝る前にもう一度

- 🌟 **三平方の定理** ▶ $a^2 + b^2 = c^2$
- 🌙 **三平方の定理の利用** ▶ 直角三角形を見つけて, その直角三角形で三平方の定理を利用する。

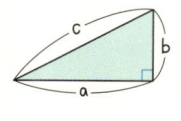

1. 物理：光・音による現象

★今夜おぼえること

中1の復習

☆☆実像は逆向き，虚像は大きく同じ向き。

→上下左右

〈凸レンズの図〉
- 物体 焦点 — 凸レンズ — 焦点 → 実像
- 虚像 — 焦点 — 凸レンズ — 焦点 — ここから見る

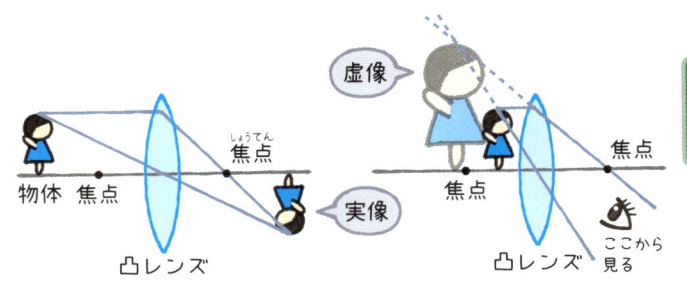

中1の復習

☽大きさ振幅，高さ振動数。

→振動のふれ幅　　→1秒間に振動する回数

〈大きい音と高い音の波の形〉

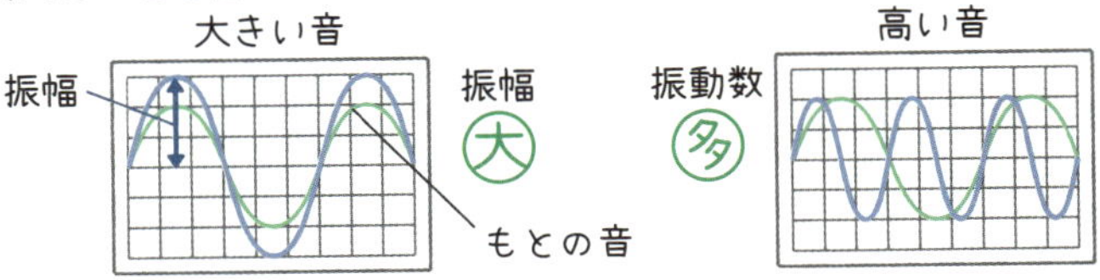

大きい音：振幅 大 ／ もとの音

高い音：振動数 多

★ 今夜のおさらい

☆ 凸レンズの軸に平行な光をあてたとき光が集まる点を 焦点 といいます。焦点より 内側 に物体を置くと凸レンズを通して 虚像 が見え、外側 に置くとスクリーンに実像がうつります。

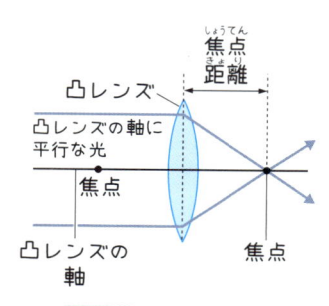

物体が焦点距離の2倍より遠い	実像は、物体より小さい
物体が焦点距離の2倍	実像は、物体と同じ大きさ
物体が焦点距離の2倍と焦点の間	実像は、物体より 大きい
物体が焦点距離より近い	虚像は、物体より大きい

☽ 音の大きさは 振幅 で決まり、音の高さは 振動数 で決まります。振幅が大きいほど音は 大きく 、振動数が多いほど音は 高く なります。

〈弦（げん）と音の高さ〉

	弦の長さ	弦の太さ	弦を張る強さ
音が高い	短い	細い	強い
音が 低い	長い	太い	弱い

💤 寝る前にもう一度
- ☆ 実像は逆向き、虚像は大きく同じ向き。
- ☽ 大きさ振幅、高さ振動数。

2. 物理：力による現象

★今夜おぼえること

中1の復習

☆力2倍→ばねも2倍。

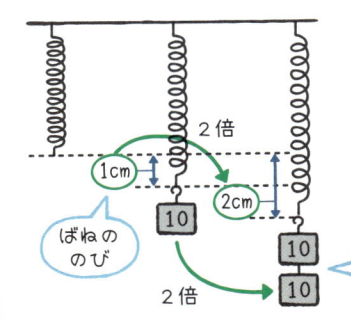

力の大きさが2倍になるとばねののびも2倍になるよ。

- 2倍
- 1cm → 2cm
- ばねののび
- 質量（力の大きさ）
- 2倍

中1の復習

☽圧力（あつりょく）は、面の上に力。

$$圧力 = \frac{力}{面積}$$

面の上に力

圧力は、力÷面積で求められるよ。

★今夜のおさらい

☆ばねののびは、ばねに加えた力の大きさに 比例 します。これを フックの法則 といいます。

例 右図のような特徴をもつばねで、ばねののびが8cmのとき、ばねに加えた力の大きさは何N？

答 0.8 N

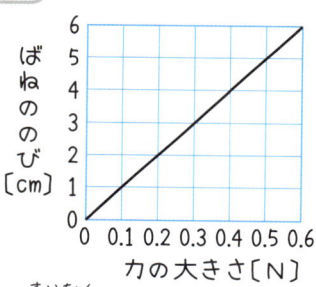

☽ 一定の面積あたりの面を垂直(すいちょく)におす力を 圧力 といいます。圧力の単位には、パスカル (Pa)などを用います。

$$圧力(Pa)_{N/m^2} = \frac{面を垂直におす力(N)}{力がはたらく\,面積\,(m^2)}$$

例 質量1kg、底面積0.2m²の物体が、床に加える圧力は何Pa？ 100gの物体にはたらく重力を1Nとする。

式 $\dfrac{10\,(N)}{0.2\,(m^2)}$

答 50 Pa

💤 寝る前にもう一度
- ☆力2倍→ばねも2倍。
- ☽圧力は、面の上に力。

3. 物理：電流の性質

★今夜おぼえること

中2の復習

☆オームの法則は $V = R \times I$

電流 I
電圧 V
抵抗 R
抵抗（電熱線）
回路図

中2の復習

☽ ゴロ合わせ おもしで圧して流すと、
　　　　　　　　（電圧）　（電流）

力になる！
　（電力）

$100V \times 12A = 1200W$

$100V \times 0.85A = 85W$

★ 今夜のおさらい

🌚 流れる電流が電熱線の両端に加わる電圧に[比例]することを，オームの法則といいます。

電圧〔V〕=[抵抗]〔Ω〕×電流〔A〕

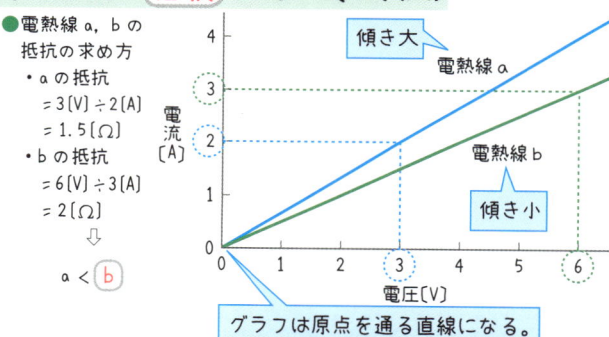

●電熱線 a, b の抵抗の求め方
- a の抵抗
 = 3〔V〕÷ 2〔A〕
 ≒ 1.5〔Ω〕
- b の抵抗
 = 6〔V〕÷ 3〔A〕
 ≒ 2〔Ω〕

⇒ a <[b]

（グラフ：傾き大＝電熱線 a，傾き小＝電熱線 b。グラフは原点を通る直線になる。）

🌙 [電力]とは，1秒間に消費される電気エネルギーの量のことをいいます。また，電熱線などから発生する熱の量を[熱量]，消費した電気の量を[電力量]といいます。

電力〔W〕=[電圧]〔V〕×電流〔A〕
熱量〔J〕=[電力]〔W〕×時間〔s〕
電力量〔J〕=電力〔W〕×[時間]〔s〕

💤 寝る前にもう一度
- 🌚 オームの法則は $V = R \times I$
- 🌙 おもしで圧して流すと，力になる！

4. 物理：電流と磁界，静電気

★ 今夜おぼえること

中2の復習

⭐ **ゴロ合わせ** グッドの親指，次会う日(磁界)まで！

図：磁界の向き／電流の向き／N／S／右手

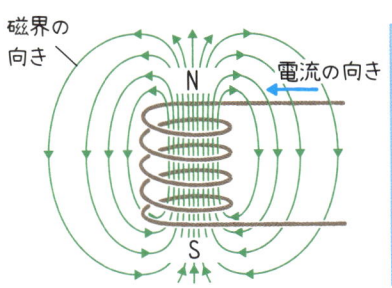

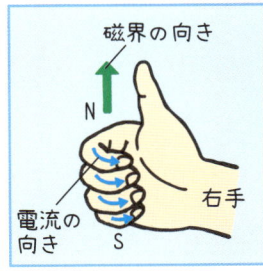

中2の復習

🌙 陰極線(いんきょくせん)（電子線）は－(マイナス)の電気をもつ 電子 の流れ。

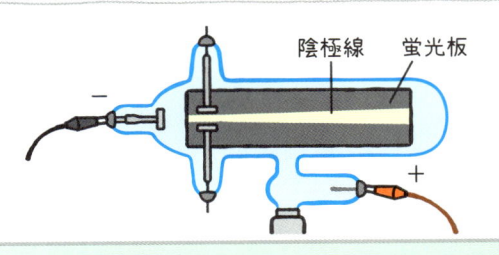

図：陰極線／蛍光板／－／＋

★ 今夜のおさらい

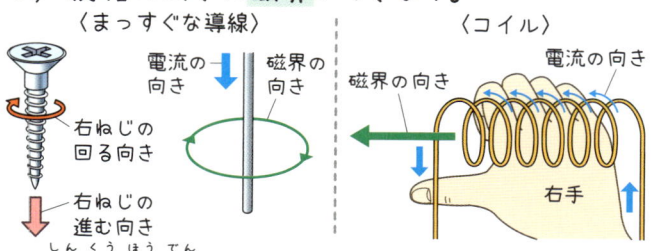

🌠 **まっすぐな導線**…右ねじの進む向きに電流を流すと、右ねじの回る向きに 磁界 ができます。
コイル…右手の4本の指の向きに 電流 を流すと、親指の向きに磁界ができます。

〈まっすぐな導線〉

- 右ねじの回る向き
- 右ねじの進む向き
- 電流の向き
- 磁界の向き

〈コイル〉

- 電流の向き
- 磁界の向き
- 右手

🌙 真空放電(しんくうほうでん)によって、一極から出るものを 陰極線(電子線) といいます。−の電気をもつ、非常に小さい粒子である 電子 の流れです。

- −の電気をもつので、電圧を加えると、+極へ曲がるよ。
- 陰極線
- 蛍光板
- 電源
- 誘導コイル

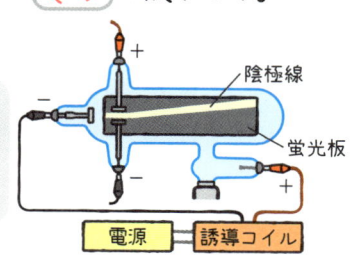

💤 寝る前にもう一度

🌠 グッドの親指、次会う日まで!
🌙 陰極線(電子線)は−の電気をもつ電子の流れ。

5. 物理：力のつり合いと合成・分解

★今夜おぼえること

🌟 2力は同じ大きさ，向きが反対，一直線上でつり合う。

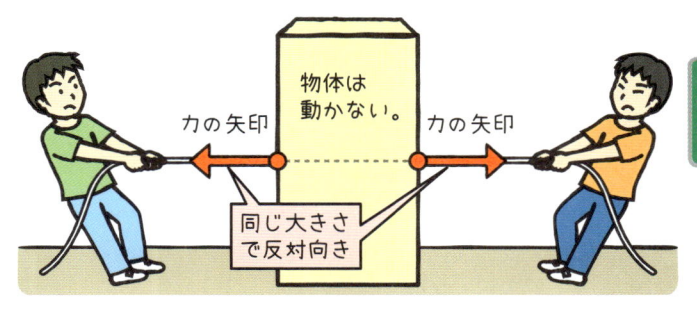

力の矢印 ← 物体は動かない。 → 力の矢印

同じ大きさで反対向き

🌙 2つの力の合力は，平行四辺形の対角線。

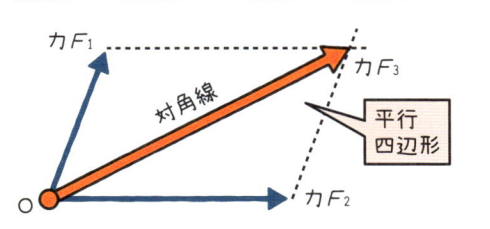

力F_1／対角線／力F_3／平行四辺形／力F_2

力F_3は，力F_1と力F_2の合力

★今夜のおさらい

☆ 2力のつり合いの条件
- 2力の大きさは 同じ 。
- 2力の向きは 反対 で、一直線上。

🌙 2つの力と同じはたらきをする1つの力を 合力 といい、合力を求めることを力の 合成 といいます。

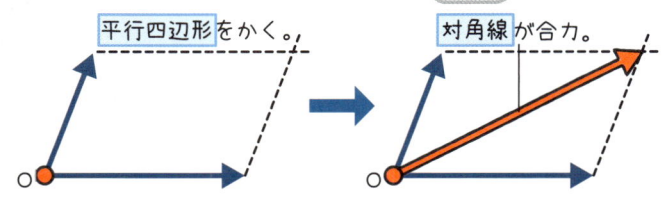

平行四辺形をかく。 → 対角線が合力。

1つの力を同じはたらきをする2つの力に分けることを力の 分解 といい、求めた2つの力を 分力 といいます。

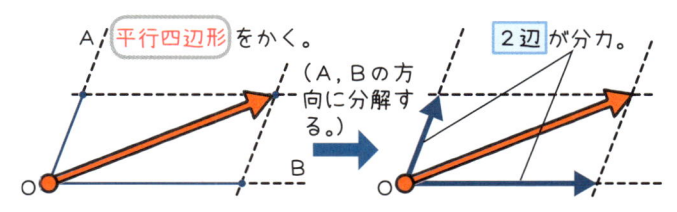

A 平行四辺形 をかく。 → 2辺が分力。
（A、Bの方向に分解する。）

💤 寝る前にもう一度

- ☆ 2力は同じ大きさ、向きが反対、一直線上でつり合う。
- 🌙 2つの力の合力は、平行四辺形の対角線。

6. 物理：力と物体の運動

★今夜おぼえること

☆斜面を下る運動は，傾きが大きいほど速さの変化が大。

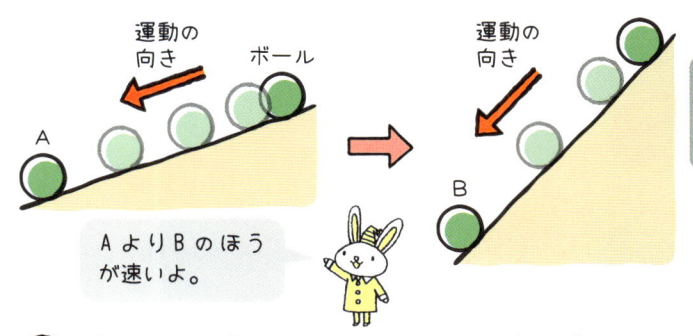

運動の向き　ボール
A

運動の向き
B

AよりBのほうが速いよ。

☽速さは変わらず，一直線上を動く等速直線運動。

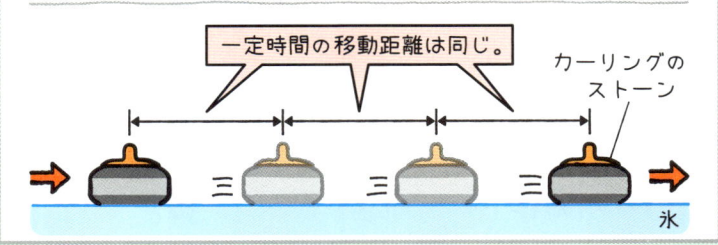

一定時間の移動距離は同じ。

カーリングのストーン

氷

★今夜のおさらい

🌠 斜面上の物体には、斜面に平行な方向と斜面に垂直な方向に、重力の分力がはたらきます。

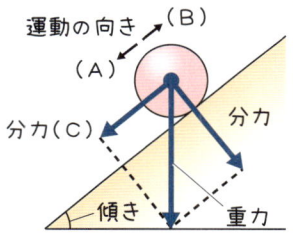

- Aのとき…速さは大きくなる。
- Bのとき…速さは小さくなる。
- Cが大きい（傾きが大きい）ほど…速さの変化の割合が大きくなる。

🌙 物体に力がはたらかないときや力がつり合っているとき、運動している物体は等速直線運動をして、静止している物体は静止を続けます。これを慣性の法則といいます。

〈車が停車するとき〉
人は運動を続けようとして、前へ動く。

〈車が発車するとき〉
人は静止を続けようとして、うしろへ動く。

💤 寝る前にもう一度

🌠 斜面を下る運動は、傾きが大きいほど速さの変化が大。
🌙 速さは変わらず、一直線上を動く等速直線運動。

7. 物理:仕事とエネルギー

★今夜おぼえること

😴仕事は、**力の大きさ**に**移動距離**をかける。

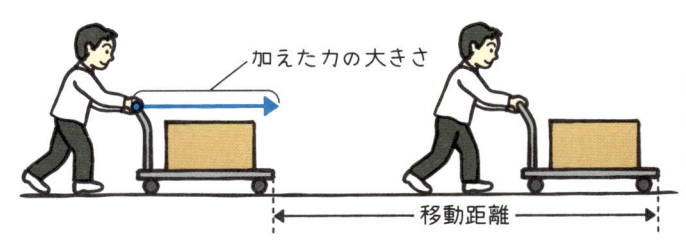

（加えた力の大きさ / 移動距離）

🌙ゴロ合わせ 運気が増加で、地位減少。
（運動エネルギー）　　　（位置エネルギー）

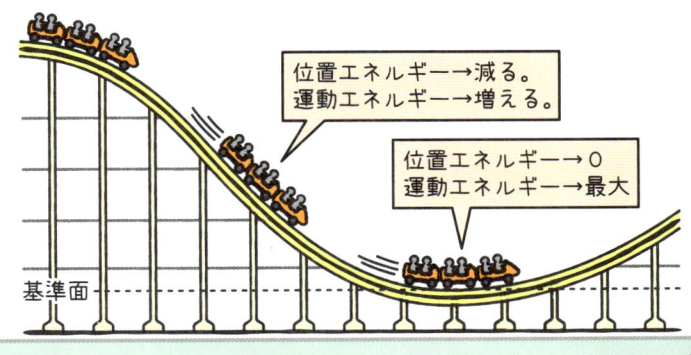

位置エネルギー→減る。
運動エネルギー→増える。

位置エネルギー→0
運動エネルギー→最大

基準面

★今夜のおさらい

❀ 仕事 〔J〕= 力の大きさ〔N〕× 移動距離〔m〕

$$\text{仕事率〔W〕} = \frac{\text{仕事〔J〕}}{\text{かかった時間〔s〕}}$$

〈100gの物体にはたらく重力を1Nとする〉

仕事：50〔N〕× 2〔m〕= 100〔J〕
仕事率：100〔J〕÷ 10〔s〕= 10〔W〕

動滑車を1つ使うと、力の大きさは半分になるけど、ひもを引く距離は2倍になるよ。

☾ 位置エネルギーと 運動 エネルギーの和を 力学的エネルギー といい、エネルギーが移り変わっても 一定 に保たれます。これを 力学的エネルギー保存 の法則といいます。

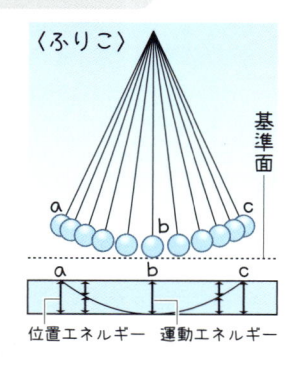

〈ふりこ〉
位置エネルギー　運動エネルギー

💤寝る前にもう一度

❀ 仕事は、力の大きさに移動距離をかける。
☾ 運気が増加で、地位減少。

8. 化学：物質の性質，気体の性質

★ 今夜おぼえること

中1の復習

☆ 密度は，し・み・た

し（しつりょう）
み（みつど） × た（たいせき）

求めたいものを指でかくそう。

中1の復習

🌙 ゴロ合わせ 兄　さん　水槽，水換え！
（二酸化炭素）（酸素）（水素）　　（水上置換（法））

水上置換（法） — 酸素，水素，二酸化炭素

下方置換（法） — 二酸化炭素

上方置換（法） — アンモニア

二酸化炭素が水にとける量は少しなので，水上置換（法）でも集められる。

★今夜のおさらい

❀ 物質 1 cm³ あたりの質量を 密度 といいます。密度は，物質によって決まっています。

$$密度 (g/cm^3) = \frac{質量 (g)}{体積 (cm^3)}$$

例 質量22g，体積 2 cm³ の物質の密度は？

式 $\frac{22 (g)}{2 (cm^3)}$

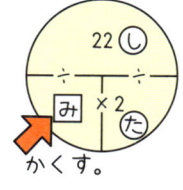

答 11 g/cm³

（図：し ÷ み × た　み をかくす。）

☽ 気体の集め方

- 水上置換（法） … 水にとけにくい気体を集めます。 例 酸素，水素，二酸化炭素
- 下方置換（法） … 水にとけやすく，空気よりも 密度が大きい（重い）気体を集めます。
  例 二酸化炭素
- 上方置換（法） … 水にとけやすく，空気よりも 密度が小さい（軽い）気体を集めます。
  例 アンモニア

💤 寝る前にもう一度
- ❀ 密度は，し・み・た
- ☽ 兄さん水槽，水換え！

9. 化学：水溶液の性質，状態変化

★今夜おぼえること

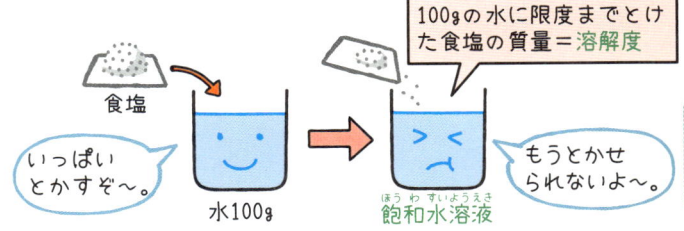

中1の復習

☆溶解度＝溶ける限度量

- 食塩
- いっぱいとかすぞ～。
- 水100g
- 100gの水に限度までとけた食塩の質量＝溶解度
- もうとかせられないよ～。
- 飽和水溶液

中1の復習

☆固体⇔液体⇔気体，質量は同じで，体積は変化する。

- 液体
- 気体
- あたためる
- エタノール
- つり合う！

液体→気体のとき，質量は変わらないけど，体積は大きくなるよ。

★今夜のおさらい

🌠 溶質が水100g にとける限度の質量を 溶解度 といい，溶質が溶解度までとけている水溶液を 飽和水溶液 といいます。

※ふつう，溶解度は水の温度によって変化します。

🌙 状態変化では，物質の 質量 は変化しませんが，体積 は変化します。ふつう，固体→液体→気体 の順に体積は 大きく なります。

※水は例外で，固体→液体 のときに体積は小さくなります。

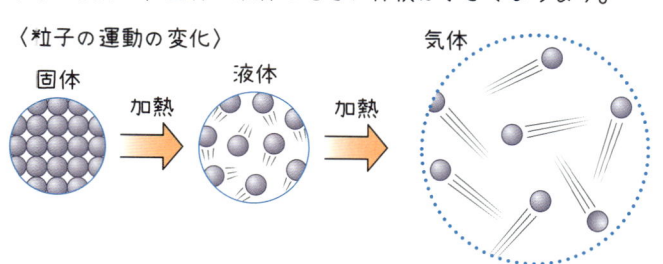

〈粒子の運動の変化〉

固体 →加熱→ 液体 →加熱→ 気体

💤 寝る前にもう一度

- 🌠 溶解度 = 溶ける限度量
- 🌙 固体⇔液体⇔気体，質量は同じで，体積は変化する。

10. 化学：物質のなりたち

★今夜おぼえること

中2の復習

☆☆**分かれる化学変化は分解。**(ぶんかい)

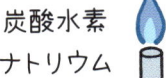

炭酸水素ナトリウム —加熱→ 炭酸ナトリウム ＋ 水 ＋ 二酸化炭素

中2の復習

☽ 🟠ゴロ合わせ **げんさんの子は，最前列！**
　　　　　　　　（原子）　　　　（最小）

〈原子の性質〉

① 分けることができない。

② ほかの原子に変わらない。

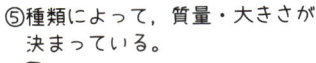

③ なくならない。

④ 新しくできない。

⑤ 種類によって，質量・大きさが決まっている。

★今夜のおさらい

☆ 1種類の物質が2種類以上の物質に 分かれる 化学変化を，分解 といいます。

〈炭酸水素ナトリウムの分解〉

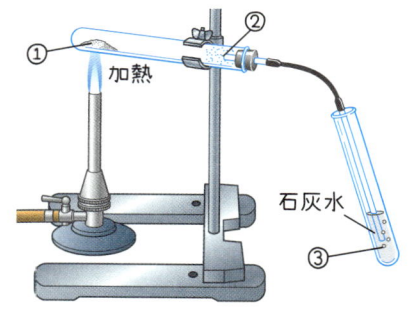

① ② 加熱
石灰水
③

●分解の結果
① 反応後に残った白い粉末→炭酸ナトリウム

② できた液体で，塩化コバルト紙が赤変→水（水蒸気）

③ 気体が発生し，石灰水が 白く にごる→二酸化炭素

☽ 物質は，原子 というそれ以上分けることができない粒子 からできています。物質には，いくつかの原子が結びついた 分子 からできているものがあります。

物質は，原子の記号を使った 化学式 で表すことができます。
例 原子の記号…水素原子（H），酸素原子（O），炭素原子（C）
化学式…水素（H_2），酸素（O_2），水（H_2O），二酸化炭素（CO_2）

・・・💤寝る前にもう一度・・・
☆ 分かれる化学変化は分解。
☽ げんさんの子は，最前列！

11. 化学：さまざまな化学変化

★今夜おぼえること

中2の復習
☆鉄粉と硫黄で硫化鉄。

鉄 + 硫黄 → 硫化鉄 （鉄と硫黄の化合物）
Fe   S   FeS

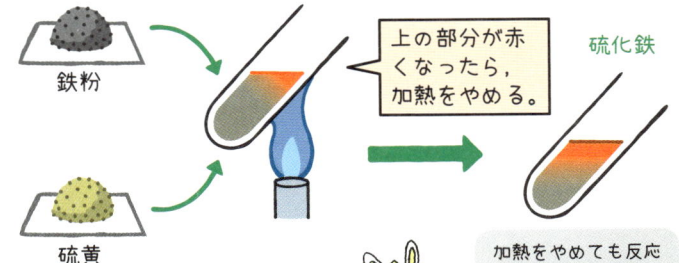

鉄粉

硫黄

上の部分が赤くなったら、加熱をやめる。

硫化鉄

加熱をやめても反応が進むのは、反応によって発熱するためだよ。

中2の復習
☽酸素がとられると還元。

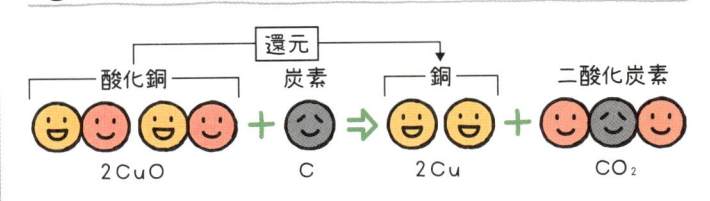

還元
酸化銅 ─ 炭素 ─ 銅 ─ 二酸化炭素

$2CuO$ + C → $2Cu$ + CO_2

理科

★今夜のおさらい

✦ 化合前の鉄粉と硫黄と、化合後の物質（硫化鉄）の性質

	色	磁石につくか	電流が流れるか	うすい塩酸との反応
鉄	銀白色	つく	流れる	水素 が発生
硫黄	黄色	つかない	流れない	反応しない
硫化鉄	黒色	つかない	流れない	硫化水素が発生

☾ 酸化銅と炭素の粉末を混ぜて加熱すると、酸化銅は還元されて銅になり、炭素は酸化されて二酸化炭素になります。

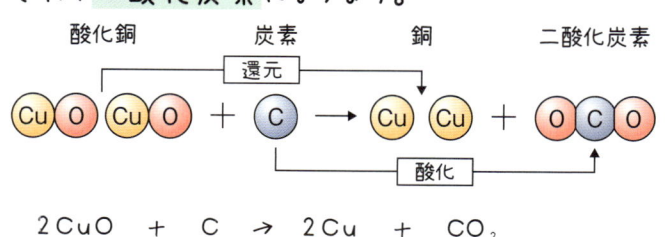

酸化銅　　　炭素　　　銅　　　　二酸化炭素

Cu O　Cu O ＋ C → Cu Cu ＋ O C O

還元／酸化

$2CuO + C \rightarrow 2Cu + CO_2$

💤 **寝る前にもう一度**
- ✦ 鉄粉と硫黄で硫化鉄。
- ☾ 酸素がとられると還元。

12. 化学：化学変化と物質の質量

★今夜おぼえること

中2の復習

☆化学変化の前後で全体の質量は変わらない。

化学変化前　　　　　　　　　化学変化後

見た目や数がちがっても，全体の質量は同じだよ。

中2の復習

☾化合する物質の質量の割合はつねに一定。

銅　　　　　　酸素　　　　　酸化銅

④ ： ① ： ⑤

★今夜のおさらい

😊 化学変化の 前後 で、物質全体の質量は変わらないことを、質量保存 の法則 といいます。

反応前の物質の質量の総和
　　　　　＝反応後の物質の質量の総和

🌙 金属が酸素と化合するとき、金属と酸素は決まった質量の 割合 で化合します。

▼金属の質量とその酸化物の　　▼金属の質量とその金属と化合し
　質量の関係⇒比例関係　　　　　た酸素の質量の関係⇒比例関係

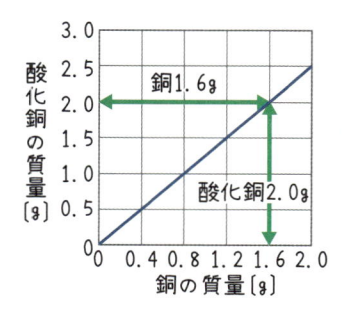

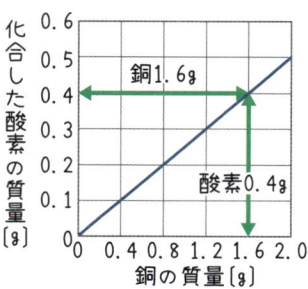

（左グラフ）酸化銅の質量[g]、銅の質量[g]、銅1.6g、酸化銅2.0g
（右グラフ）化合した酸素の質量[g]、銅の質量[g]、銅1.6g、酸素0.4g

質量の比は　銅：酸化銅　　　質量の比は　銅：酸素
　　　　　　4：5　　　　　　　　　　　　4：1

💤 寝る前にもう一度

- 😊 化学変化の前後で全体の質量は変わらない。
- 🌙 化合する物質の質量の割合はつねに一定。

13. 化学：水溶液とイオン

★今夜おぼえること

✪銅と塩素に分解する塩化銅。

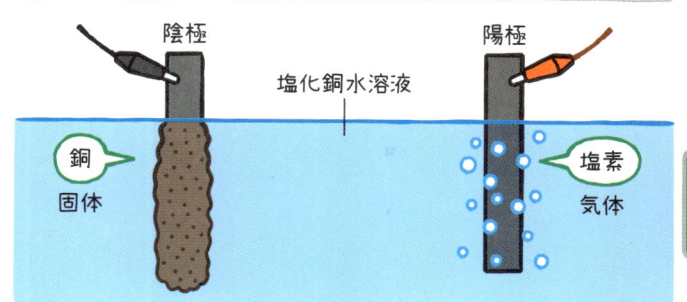

陰極 — 塩化銅水溶液 — 陽極
銅（固体） — 塩素（気体）

🌙ゴロ合わせ 失って陽気に，得て陰気に！
（電子を失って陽イオン）（電子を得て陰イオン）

★今夜のおさらい

☆ 水にとかしたとき**電流を通す物質**を 電解質 ,
電流を通さない物質を 非電解質 といいます。

電解質の水溶液の電気分解
- 塩化銅水溶液：塩化銅（$CuCl_2$）→ 銅（Cu）＋塩素（Cl_2）
  発生する電極： 陰極　　　陽極
- 塩酸：塩化水素（$2HCl$）→ 水素（H_2）＋塩素（Cl_2）
  発生する電極： 陰極　　　陽極

☾ **原子が電気を帯びたもの**を イオン といい,
電子を失い＋の電気を帯びたものを 陽イオン ,
電子を得て－の電気を帯びたものを 陰イオン
といいます。

電解質は, 水にとけると**陽イオンと陰イオンに分かれます**。これを 電離 といいます。

塩化銅水溶液　　　　　　　　塩酸

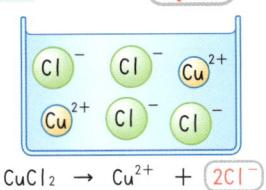

$CuCl_2 \rightarrow Cu^{2+} + 2Cl^-$　　　　$HCl \rightarrow H^+ + Cl^-$

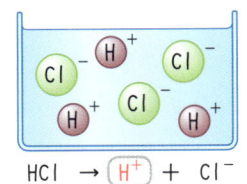

→**イオンを表す記号**を イオン式 といいます。
〈例〉陽イオン：Cu^{2+}（銅イオン）, H^+（水素イオン）
　　　陰イオン：Cl^-（塩化物イオン）

💤 寝る前にもう一度
☆ 銅と塩素に分解する塩化銅。
☾ 失って陽気に, 得て陰気に！

14. 化学：酸・アルカリとイオン

★今夜おぼえること

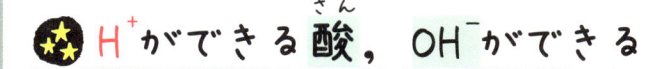

☪ H^+ ができる酸，OH^- ができるアルカリ。

酸 —電離→ H^+（水素イオン） ＋ 陰イオン

アルカリ —電離→ 陽イオン ＋ OH^-（水酸化物イオン）

☾ ゴロ合わせ さんざん歩いて縁ができたが，水の中！
（酸）　　（アルカリ）　（塩）　　　（水）

★今夜のおさらい

☆ 水にとけ電離して，水素イオン(H^+)ができる化合物を 酸 ， 水酸化物イオン(OH^-) ができる化合物をアルカリといいます。

〈塩酸（酸の水溶液）に電圧を加える〉

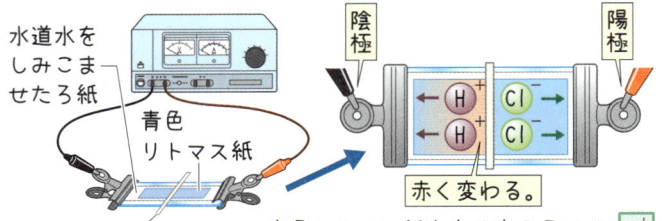

水道水をしみこませたろ紙
青色リトマス紙
塩酸をしみこませた糸

陰極 　陽極
H^+ ← 　→ Cl^-
H^+ ← 　→ Cl^-
赤く変わる。

青色リトマス紙を赤く変えるのは，H^+

☽ 酸の水溶液とアルカリの水溶液を混ぜたとき，たがいの性質を打ち消し合う反応を 中和 といいます。このとき，水と 塩 ができます。

〈塩酸と水酸化ナトリウム水溶液を混ぜる〉

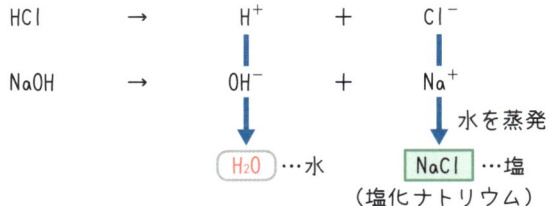

HCl　→　H^+　＋　Cl^-

$NaOH$　→　OH^-　＋　Na^+

水を蒸発

H_2O …水　　$NaCl$ …塩
（塩化ナトリウム）

・💤 寝る前にもう一度・
☆ H^+ができる酸，OH^-ができるアルカリ。
☽ さんさん歩いて縁ができたが，水の中！

15. 生物：植物のつくりとはたらき

★今夜おぼえること

中1の復習

★★ゴロ合わせ うちの水道管

（茎の維管束の内側）　（水の通り道→道管）

〈茎の断面（双子葉類）〉

内側が水道管ね。

道管　｝維管束
師管

中1の復習

☽ 葉緑体はデンプン工場。

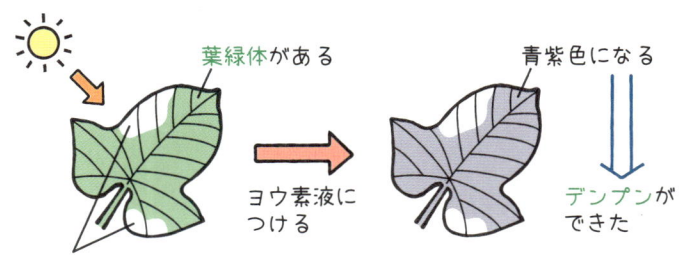

葉緑体がある → ヨウ素液につける → 青紫色になる ⇓ デンプンができた

葉緑体がない（ふの部分）

★ 今夜のおさらい

🌙 植物のからだには、根から吸収した水や水にとけた養分（肥料分）を運ぶ 道管 、葉でできた栄養分を運ぶ 師管 があり、道管と師管が集まって束(たば)になった部分を 維管束 といいます。

〈茎の断面〉

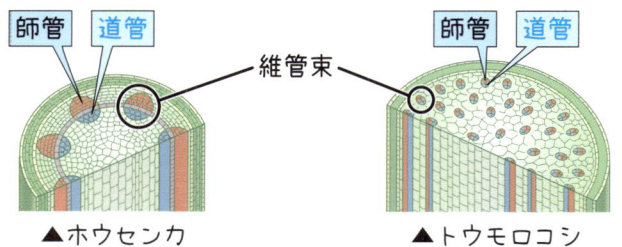

師管	道管
維管束	

▲ホウセンカ　　　　▲トウモロコシ

🌙 光を受けてデンプンをつくるのは、細胞(さいぼう)の中にある緑色をした 葉緑体 です。

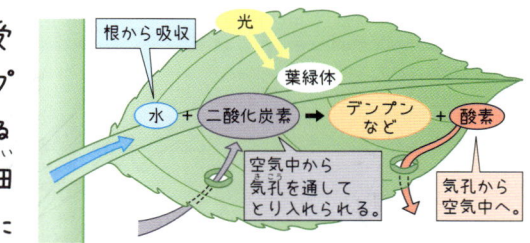

図：根から吸収した水 ＋ 空気中から気孔を通してとり入れられる二酸化炭素 → 葉緑体で光を受けて デンプンなど ＋ 酸素（気孔から空気中へ）

・💤 寝る前にもう一度・・・・・・
- ★ うちの水道管
- 🌙 葉緑体はデンプン工場。

16. 生物：植物の分類

★ 今夜おぼえること

中1の復習

☆シダとコケは胞子（ほうし）でふえる。

〈シダ植物〉 葉の裏 / 胞子 / 胞子のう / 葉 / 根 / 茎（くき） / ▲イヌワラビ

〈コケ植物〉 胞子 / 胞子のう / 仮根（かこん） / ▲スギゴケ（雌株（めかぶ））

中1の復習

🌙 ゴロ合わせ

ラッシュでまっすぐ
（裸子植物）　（マツ・スギ）

早　朝　担　当
（双子葉類）（アサガオ）（単子葉類）（トウモロコシ）

★ 今夜のおさらい

🌠 シダ植物やコケ植物は、種子をつくらず 胞子 でふえます。どちらも 葉緑体 があり、光合成 をします。シダ植物は根・茎・葉の区別が あります が、コケ植物は根・茎・葉の区別がありません。コケ植物は、からだの表面全体から水を吸収し、根のように見える 仮根 はからだを地面に固定する役目をしています。

🌙 植物の分類

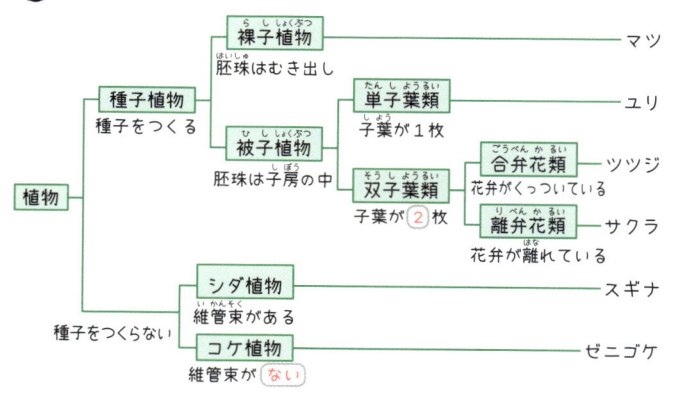

```
              ┌─ 裸子植物 ─────────────────────────── マツ
              │  胚珠はむき出し
     ┌ 種子植物┤
     │ 種子をつくる          ┌─ 単子葉類 ───────────── ユリ
     │        │              │  子葉が1枚
     │        └─ 被子植物 ────┤              ┌─ 合弁花類 ── ツツジ
植物─┤           胚珠は子房の中 │              │  花弁がくっついている
     │                       └─ 双子葉類 ────┤
     │                          子葉が 2 枚   └─ 離弁花類 ── サクラ
     │                                          花弁が離れている
     │        ┌─ シダ植物 ─────────────────────────── スギナ
     │        │  維管束がある
     └ 種子をつくらない
              └─ コケ植物 ─────────────────────────── ゼニゴケ
                 維管束が ない
```

💤 寝る前にもう一度

🌠 シダとコケは胞子でふえる。
🌙 ラッシュでまっすぐ早朝担当

17. 生物：生物と細胞, 動物のからだ

★今夜おぼえること

中2の復習

✦ 植物は, 緑色の壁に液入れる。
(葉緑体) (細胞壁)(液胞)

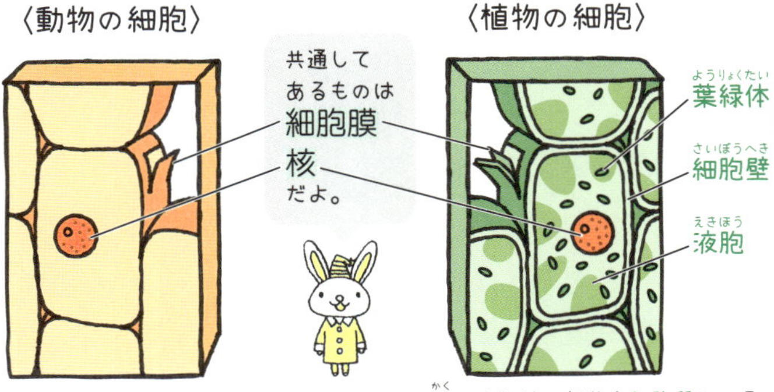

〈動物の細胞〉　〈植物の細胞〉

共通してあるものは
細胞膜
核
だよ。

葉緑体（ようりょくたい）
細胞壁（さいぼうへき）
液胞（えきほう）

※核のまわりの部分を**細胞質**という。

中2の復習

🌙 栄養分は小腸から吸収（きゅうしゅう）。

〈小腸の内壁のひだ〉　〈柔毛（じゅうもう）の断面〉

リンパ管　毛細血管

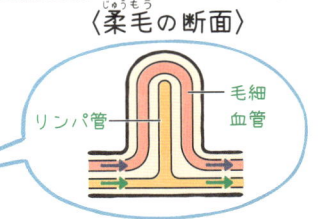

★今夜のおさらい

🌟 核は，酢酸オルセイン液や酢酸カーミン液といった染色液で染まります。

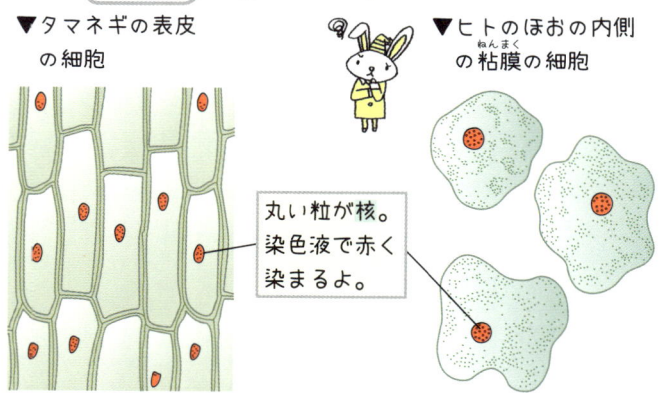

▼タマネギの表皮の細胞　　▼ヒトのほおの内側の粘膜の細胞

丸い粒が核。染色液で赤く染まるよ。

🌙 デンプンはブドウ糖，タンパク質はアミノ酸，脂肪は脂肪酸とモノグリセリドに分解されて，小腸の柔毛から吸収されます。

柔毛から吸収されたあと，ブドウ糖やアミノ酸は，毛細血管に入ります。そして，脂肪酸とモノグリセリドは，再び脂肪になってリンパ管に入ります。

💤 寝る前にもう一度

- 🌟 植物は，緑色の壁に液入れる。
- 🌙 栄養分は小腸から吸収。

18. 生物：感覚と運動のしくみ

★ 今夜おぼえること

中2の復習
☆ 脳に伝わると見える、聞こえる。

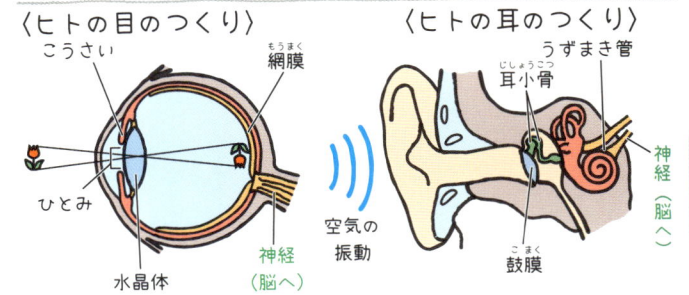

〈ヒトの目のつくり〉
- こうさい
- 網膜
- ひとみ
- 水晶体（レンズ）
- 神経（脳へ）

〈ヒトの耳のつくり〉
- うずまき管
- 耳小骨
- 神経（脳へ）
- 鼓膜
- 空気の振動

中2の復習
☽ 無意識の動きは反射。

「あつい!!」

思わず、手を引っこめたよ。

反射のしくみ
①刺激 ⇒ ②感覚器官 ⇒ ③感覚神経 ⇒ ④せきずい ⇒ ⑤運動神経 ⇒ ⑥運動器官 ⇒ ⑦反応

★今夜のおさらい

☆ 目や耳などの感覚器官には刺激を受けとるための細胞(さいぼう)があり、神経とつながっています。感覚器官が刺激を受けとると、信号は神経を通って脳に伝わり、光や音を感じます。

- ●刺激の流れ
  - 光の場合…光⇒ひとみ⇒水晶体⇒網膜⇒神経⇒脳
  - 音の場合…音⇒鼓膜⇒耳小骨⇒うずまき管⇒神経⇒脳

☽ 感覚器官で受けとった刺激は、神経を通ってせきずいと脳に伝わりますが、無意識に起こる反応（反射）では、刺激が脳に伝わる前に反応が起こります。

- 反射　刺激⇒感覚器官⇒感覚神経⇒せきずい⇒運動神経⇒運動器官⇒反応
- 意識して起こす反応　刺激⇒感覚器官⇒感覚神経⇒せきずい⇒脳⇒せきずい⇒運動神経⇒運動器官⇒反応

> 反射は、危険からからだを守るのに役立っているよ。

💤 寝る前にもう一度

- ☆ 脳に伝わると見える、聞こえる。
- ☽ 無意識の動きは反射。

19. 生物：動物のなかまと生物の進化

★ 今夜おぼえること

中2の復習

☆☆ 背骨をもつセキツイ動物。

魚類　鳥類　両生類　ハチュウ類　ホニュウ類

中2の復習

☽ カエルの前あしとヒトのうでは基本的に同じつくり。

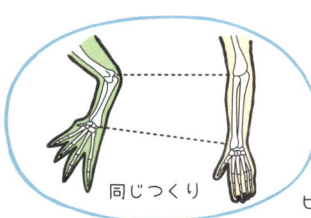

カエル　同じつくり　ヒト

★今夜のおさらい

🌟 動物は、背骨をもつ セキツイ 動物と、背骨をもたない 無セキツイ 動物に分けられます。

〈セキツイ動物のなかま分け〉

ホニュウ類	鳥類	ハチュウ類	両生類	魚類
胎生(たいせい)	卵生(らんせい)			
恒温(こうおん)動物		変温(へんおん)動物		
肺			幼生はえら、成体は肺と皮膚	えら
毛	羽毛	うろこ	しめった皮膚	うろこ
内骨格				

🌙 発生の初期の形や骨格などが似ていて、現在では形やはたらきがちがっていても、基本的には同じつくりをしている器官を、相同器官(そうどうきかん) といいます。

● おもな相同器官の例

　セキツイ動物の前あし…魚類の胸びれ、両生類・ハチュウ類の前あし、鳥類のつばさ、ホニュウ類の前あしなど。

💤 寝る前にもう一度

🌟 背骨をもつセキツイ動物。
🌙 カエルの前あしとヒトのうでは基本的に同じつくり。

20. 生物：生物のふえ方と遺伝

★今夜おぼえること

✨染色体, 2倍になって集まり, 分かれて両端に移動。

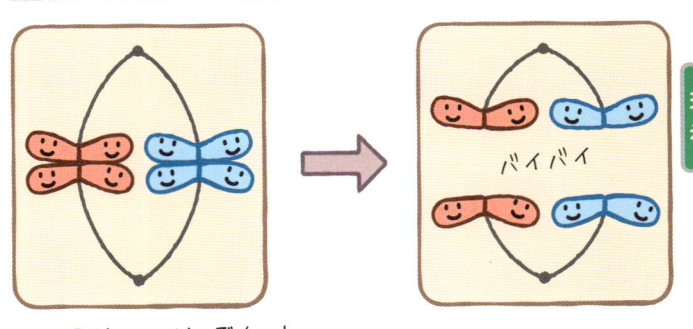

バイバイ

🌙対の遺伝子, 分かれて別々の細胞へ。

→ 分離の法則

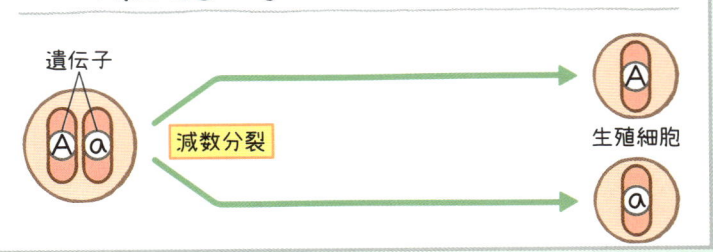

遺伝子 → 減数分裂 → 生殖細胞

★今夜のおさらい

🌟 1個の細胞が分かれて、2個の細胞ができることを 細胞分裂 といいます。

＜細胞分裂のようす（植物）＞

染色体の数が2倍になり、見えるようになる。　染色体が中央に並んだあと、両端に分かれる。

細胞が大きくなる。　しきりができて、2個の細胞ができる。

🌙 遺伝子がAAとaaの個体をかけ合わせたとき、子に現れる形質を 優性 の形質、子に現れない形質を 劣性 の形質といいます。

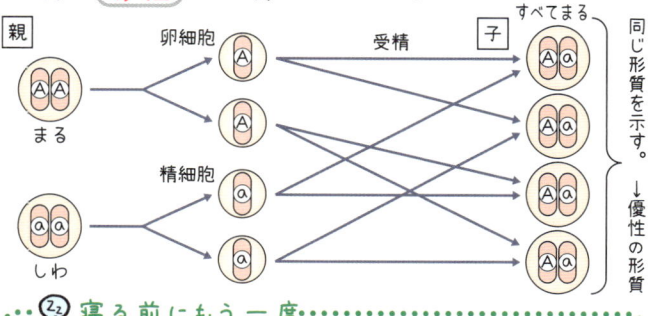

親　まる(AA)　卵細胞(A)(A)　受精　子　すべてまる(Aa)(Aa)(Aa)(Aa) 同じ形質を示す。→優性の形質

しわ(aa)　精細胞(a)(a)

💤寝る前にもう一度

🌟 染色体、2倍になって集まり、分かれて両端に移動。
🌙 対の遺伝子、分かれて別々の細胞へ。

21. 地学：火山，地震

★ 今夜おぼえること

中1の復習

🌟🌟 **ゴロ合わせ** 新　幹　線　は
(深成岩)(花こう岩)(せん緑岩)(斑れい岩)

　　　刈　り　上　げ
(火山岩)(流紋岩)(安山岩)(玄武岩)

だろー

シャーてぃんぐ

中1の復習

🌙 P波は速い，S波はゆっくり。

P波が到着すると
初期微動(しょきびどう)が始まり，

S波が到着すると
主要動(しゅようどう)が始まるよ。

ゆっくり
速い
震源

★ 今夜のおさらい

🌙 火成岩の分類

岩石の色	白っぽい ←――――(灰色)――――→ 黒っぽい		
鉱物の割合	(多)無色鉱物 ←―――――――――→ 有色鉱物(多)		
岩石の例	※1 深成岩	花こう岩	せん緑岩	斑れい岩
	※2 火山岩	流紋岩	安山岩	玄武岩

※1 深成岩…ゆっくり冷える。(等粒状)組織
※2 火山岩…急に冷える。斑状組織(石基と(斑晶)からなる)

🌙 (初期微動)はP波によって起こり、(主要動)はS波によって起こります。P波はS波よりも速さが(速い)ので、P波が到着してからS波が到着するまでの時間から、震源までのだいたいの距離がわかります。

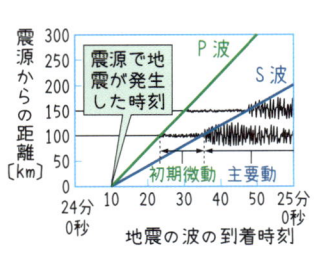

地震の波の到着時刻のグラフ：震源からの距離(km)、P波、S波、初期微動、主要動、震源で地震が発生した時刻

💤 寝る前にもう一度

- 🌙 新幹線は刈り上げ
- 🌙 P波は速い、S波はゆっくり。

22. 地学：大地の変化

★今夜おぼえること

中1の復習

☆粒が大きいものから順に，

れき岩 > 砂岩 > 泥岩

〈れき岩〉　　〈砂岩〉　　〈泥岩〉

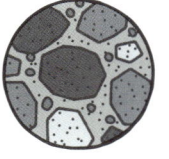

直径2mm以上　　直径 $\frac{1}{16}$ 〜 2mm　　直径 $\frac{1}{16}$ mm以下

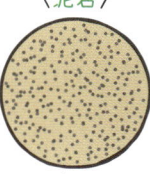

中1の復習

☽ ゴロ合わせ まんじゅうのあんは，中
（アンモナイト）（中生代）

〈サンヨウチュウ〉　〈アンモナイト〉　〈ビカリア〉

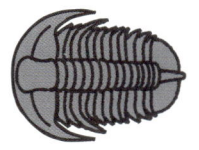

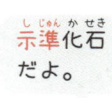

示準化石だよ。

古生代　　中生代　　新生代

★ 今夜のおさらい

☆ 堆積岩(たいせきがん)の特徴(とくちょう)

	おもな特徴
泥岩	おもに泥でできていて, 粒の直径は $\frac{1}{16}$ mm 以下
砂岩	おもに砂でできていて, 粒の直径は $\frac{1}{16}$ 〜 2 mm
れき岩	おもにれきでできていて, 粒の直径は 2 mm 以上
石灰岩(せっかいがん)	うすい塩酸をかけると二酸化炭素が発生する
チャート	うすい塩酸をかけても二酸化炭素は発生しない
凝灰岩(ぎょうかいがん)	おもに火山の噴出物でできていて, 粒は角ばっている

🌙 示相(しそう)化石(かせき)は, 地層が堆積(たいせき)した当時の環境を知る手がかりとなります。 示準化石は, 地層が堆積した時代を知る手がかりとなります。

〈おもな示相化石〉

サンゴ	あたたかくて, きれいな 浅い 海
シジミ	湖や淡水が混じった河口付近
ブナ	温帯で, 少し寒冷な地域

〈おもな示準化石〉

古生代	サンヨウチュウ フズリナ
中生代	アンモナイト キョウリュウ
新生代	ビカリア ナウマンゾウ

💤 寝る前にもう一度

- ☆ 粒が大きいものから順に, れき岩 > 砂岩 > 泥岩
- 🌙 まんじゅうのあんは, 中

23. 地学：空気中の水蒸気の変化

★今夜おぼえること

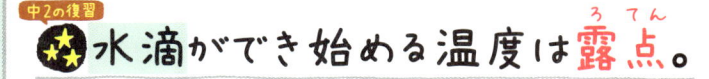

中2の復習
☆**水滴ができ始める温度は露点。**

「冷たくておいしいネ！」

水滴

中2の復習
☽ **雲は水滴や氷の粒が上空にうかんだもの。**

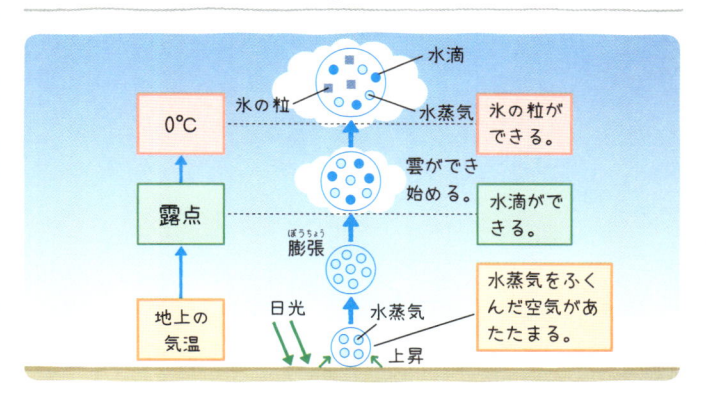

- 0℃ → 氷の粒 / 水滴 / 水蒸気 → 氷の粒ができる。
- 露点 → 雲ができ始める。→ 水滴ができる。
- 地上の気温 → 膨張 ← 日光・水蒸気・上昇 → 水蒸気をふくんだ空気があたたまる。

101

★ 今夜のおさらい

☀ 空気中の水蒸気が冷やされて水滴に変わることを凝結といい，そのときの温度を露点といいます。

空気中にふくむことができる水蒸気の量には限度があります。1m³の空気がふくむことのできる限度の水蒸気の質量を飽和水蒸気量といいます。

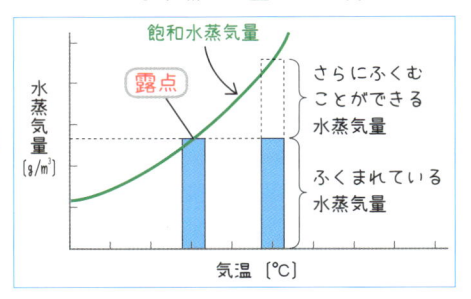

（図：気温と飽和水蒸気量のグラフ。縦軸：水蒸気量〔g/m³〕，横軸：気温〔℃〕。露点，さらにふくむことができる水蒸気量，ふくまれている水蒸気量を示す）

🌙 空気が上昇すると膨張して温度が下がり，露点より低くなると，空気中の水蒸気が凝結して水滴や氷の粒になり，雲ができます。この水滴や氷の粒が大きくなり，地上に落ちてくると雨や雪になります。

💤 寝る前にもう一度
- ☀ 水滴ができ始める温度は露点。
- 🌙 雲は水滴や氷の粒が上空にうかんだもの。

24. 地学：大気の動きと天気の変化

★今夜おぼえること

中2の復習

🌟ゴロ合わせ **定期代が上がって、**
(低気圧)　　(上昇気流)

好奇心が下がる！
(高気圧)　(下降気流)

- 低：反時計回りに風がふきこむ。上空へ。
- 高：時計回りに風がふき出す。

中2の復習

🌙 **寒気の上にはい上がる温暖前線、暖気の下にもぐる寒冷前線。**

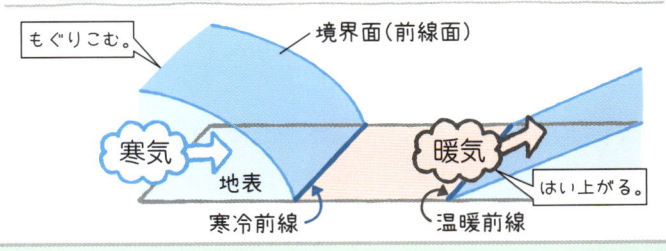

- もぐりこむ。
- 境界面（前線面）
- 寒気 / 暖気
- 地表
- 寒冷前線 / 温暖前線
- はい上がる。

理科

★今夜のおさらい

🌙 気圧の高いところを 高 気圧，気圧が低いところを 低 気圧といいます。風は， 気圧 の高いほうから低いほうへ向かってふきます。

🌙 温暖前線 は， 暖気 が寒気の上にはい上がり，寒気をおしながら進む前線です。乱層雲 や 高積雲 などが発生し，長時間おだやかな雨が降ります。 寒冷前線 は， 寒気 が暖気の下にもぐりこみ，暖気をおしながら進む前線です。積乱雲 が発達し， 短 時間に大量の雨が降り，かみなりや突風をともなうこともあります。

〈前線の種類〉

	温暖前線	寒冷前線	停滞前線	閉そく前線
記号				

💤 寝る前にもう一度

🌙 定期代が上がって，好奇心が下がる！
🌙 寒気の上にはい上がる温暖前線，暖気の下にもぐる寒冷前線。

25. 地学：大気の動きと日本の天気

★今夜おぼえること

中2の復習

★偏西風(へんせいふう)によって、日本の天気は西から東へ変化。

西 　　偏西風　　東

西から東へふいているよ。

中2の復習

☾熱帯低気圧が発達したものが台風。

進行方向
台風

台風は、南の海上で発生して日本に接近してくるよ。

★ 今夜のおさらい

🌑 日本の上空では，西から東に向かう偏西風がふいています。その影響(えいきょう)で，低気圧や高気圧が西から東へと移動していくため，天気も西から東へと変化していきます。

🌙 台風は南の海上で発生し，北西へ進んで日本に接近します。日本付近では北西から北東に進路を変えます。最大風速が秒速17.2m以上で，前線をともないません。

台風が日本に接近または上陸して，強風や大雨などの災害をもたらすのは，8～9月に多くなります。

前線がない

中心の雲のないところを「台風の目」といい，風が弱いよ。

💤 寝る前にもう一度

- 🌑 偏西風によって，日本の天気は西から東へ変化。
- 🌙 熱帯低気圧が発達したものが台風。

26. 地学：地球の運動と天体の動き

★今夜おぼえること

★★ 地球の自転で, 1時間に15°動くよ, 見かけの動き。

天体は, 北極星を中心に, 反時計回りに回っているよ。

西← 北 →東

🌙 季節の変化は, 地軸が兄さんよ！

夏
(23.4°)
23.4°
自転の向き
地球
地軸
公転の向き
太陽

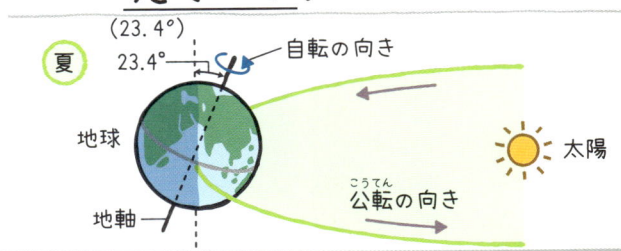

★ 今夜のおさらい

😊 天体は地球の **自転** により，東から西に1時間に **15**° 動きます。また，天体は地球の公転により，東から西に1か月に **30**° 動きます。

〈同じ時刻に見えるオリオン座〉

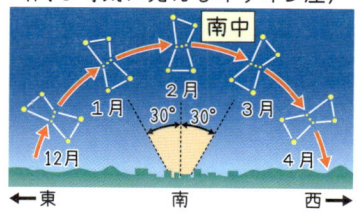

> オリオン座は，2時間に30°動くので，南中する時刻は1か月に2時間早くなる。

🌙 地球は，地軸を公転面に垂直な方向から **23.4**° 傾けて公転しているため，地球の位置によって太陽の南中高度や昼の長さにちがいができ，季節が生じます。

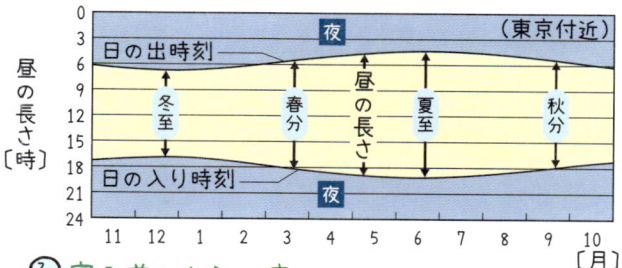

💤 寝る前にもう一度

- 😊 地球の自転で，1時間に15°動くよ，見かけの動き。
- 🌙 季節の変化は，地軸が兄さんよ！

27. 地学：太陽系と銀河系，太陽と月

★今夜おぼえること

★ 明けの明星 明け方東に，よいの明星 夕方西に！

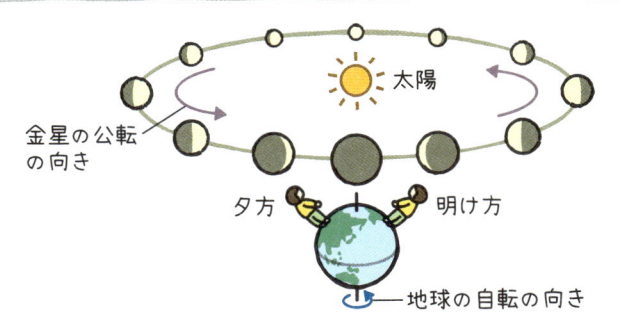

- 金星の公転の向き
- 太陽
- 夕方
- 明け方
- 地球の自転の向き

☾ 月が間で日食，地球が間で月食だ！

- 太陽
- 月の公転の向き
- 日食
- 月食
- 月
- 地球
- 月
- 地球の公転の向き

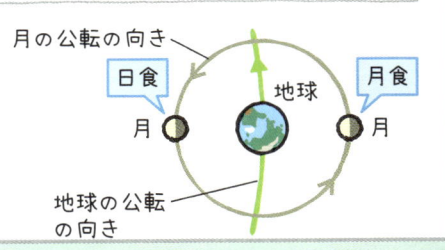

★ 今夜のおさらい

❀ 金星は地球の内側を公転している内惑星で、公転周期が地球とちがうため、見える位置や大きさが変化します。また、太陽、金星、地球の位置関係によって、満ち欠けします。

〈地球からの見え方〉

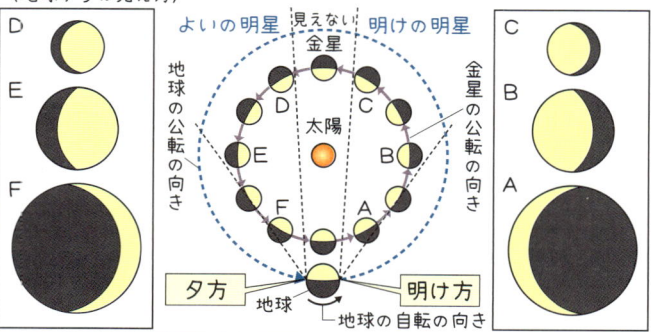

よいの明星／見えない／明けの明星
金星
地球の公転の向き
D C
太陽
E B
F A
金星の公転の向き
夕方 / 明け方
地球
地球の自転の向き

D E F （左側のパネル）
C B A （右側のパネル）

🌙 太陽, 月 , 地球 とならんだとき、太陽が月にかくされる現象を日食といいます。このときの月は 新月 です。

太陽, 地球 , 月 とならんだとき、月が地球の影に入る現象を 月食 といいます。このときの月は満月です。

💤 寝る前にもう一度

❀ 明けの明星 明け方東に、よいの明星 夕方西に！
🌙 月が間で日食、地球が間で月食だ！

28. 環境：自然と人間，科学技術と人間

★ 今夜おぼえること

🌃 **有機物をつくれる生産者，つくれない消費者。**

🌙 **変換前後で，総量変わらずエネルギー。**

電気エネルギー ＝ 光エネルギー／熱エネルギー

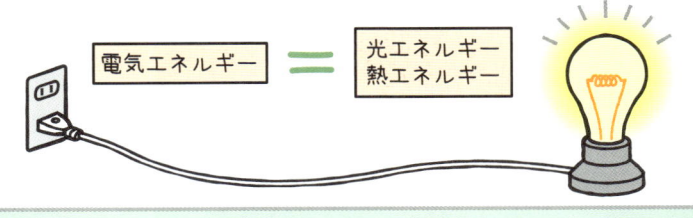

★今夜のおさらい

❂ 光合成によって有機物をつくれる生物を生産者，ほかの生物を食べて有機物を得る生物を消費者，生物の死がいなどの有機物を無機物に分解する生物を分解者といいます。

〈有機物や無機物の移動〉

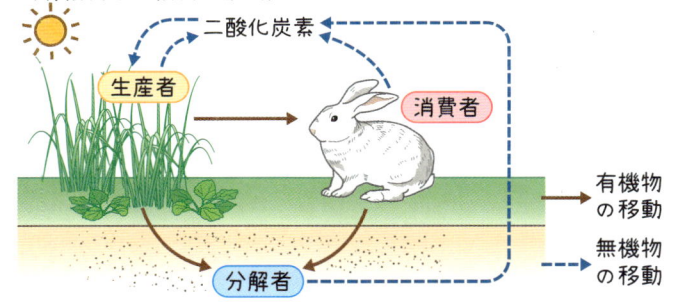

☾ エネルギーはいろいろな形に変換できますが，変換前後で総量は変わりません。これをエネルギー保存の法則といいます。
エネルギーを別のエネルギーに変換するとき，目的のエネルギー以外に，利用しにくい熱エネルギーなどにも変換されます。

寝る前にもう一度

- ❂ 有機物をつくれる生産者，つくれない消費者。
- ☾ 変換前後で，総量変わらずエネルギー。

1. 地理：世界のすがた

★今夜おぼえること

中1の復習

☆**最大のユーラシア大陸と太平洋。緯度は南北90度ずつ，経度は東西180度ずつ。**

地球の表面は陸地と海洋からできていて，面積の割合は，陸地3：海洋7で，海洋のほうが広い。6大陸と3大洋があるんだ。

▲6大陸と3大洋

中1の復習

🌙**世界の三大宗教は，仏教，キリスト教，イスラム教。**

ほかにも，ヒンドゥー教やユダヤ教などの民族宗教があるよ。

仏教　キリスト教　イスラム教　ヒンドゥー教

★ 今夜のおさらい

🌠 世界には **6大陸** と **3大洋** があります。最大の大陸は **ユーラシア大陸**、最大の大洋は **太平洋** です。地球上の位置は **緯度** と **経度** によって表すことができます。

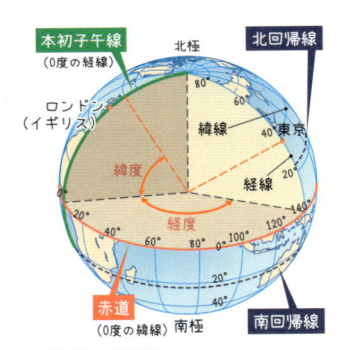

▲緯度と経度

🌙 三大宗教とは、シャカが開いた **仏教**、イエス＝キリストが開いた **キリスト教**、ムハンマドが開いた **イスラム教** です。

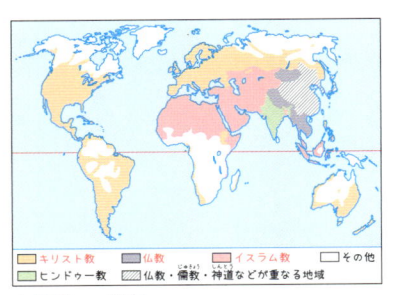

▲宗教の分布

💤 寝る前にもう一度

🌠 最大のユーラシア大陸と太平洋。緯度は南北90度ずつ、経度は東西180度ずつ。

🌙 世界の三大宗教は、仏教、キリスト教、イスラム教。

1. 地理：世界のすがた

★今夜おぼえること

中1の復習

☆☆**最大のユーラシア大陸と太平洋。緯度は南北90度ずつ，経度は東西180度ずつ。**

地球の表面は陸地と海洋からできていて，面積の割合は，陸地3：海洋7で，海洋のほうが広い。6大陸と3大洋があるんだ。

▲6大陸と3大洋

中1の復習

🌙 **世界の三大宗教は，仏教，キリスト教，イスラム教。**

ほかにも，ヒンドゥー教やユダヤ教などの民族宗教があるよ。

仏教　キリスト教　イスラム教　ヒンドゥー教

★今夜のおさらい

🌠 世界には **6大陸**と**3大洋**があります。最大の大陸は**ユーラシア大陸**、最大の大洋は**太平洋**です。地球上の位置は**緯度**と**経度**によって表すことができます。

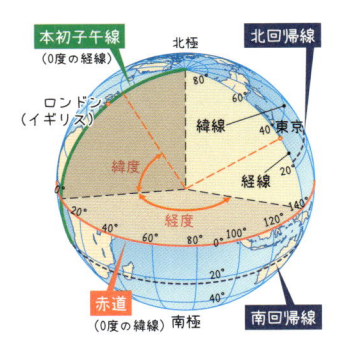

▲緯度と経度

🌙 三大宗教とは、**シャカ**が開いた**仏教**、**イエス=キリスト**が開いた**キリスト教**、**ムハンマド**が開いた**イスラム教**です。

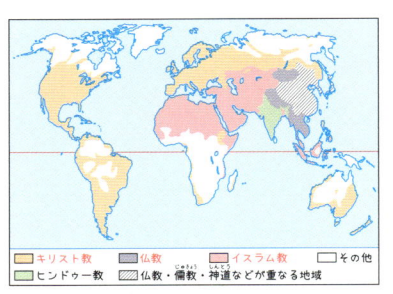

▲宗教の分布

💤 寝る前にもう一度

- 🌠 最大のユーラシア大陸と太平洋。緯度は南北90度ずつ、経度は東西180度ずつ。
- 🌙 世界の三大宗教は、仏教、キリスト教、イスラム教。

2. 地理：アジア州，ヨーロッパ州

★ 今夜おぼえること

中1の復習

☆**中国は経済特区を設けて，BRICS(s)の一員。ペルシア湾岸は石油の大産地。**

西アジアのペルシア湾岸は，世界有数の石油の産地。周辺の国から，日本へ多くの石油が輸出されているよ。

計2422億kL

| サウジアラビア 17.5% | カナダ 13.9 | 11.4 | イラン 9.9 | 9.4 | その他 |

ベネズエラ ／ イラク
(2012年) (2012/13年版「世界国勢図会」)

▲原油の埋蔵量の割合

中1の復習

☾**EUの多くでユーロ導入。農業は混合農業や地中海式農業。**

地中海式農業は乾燥する夏にぶどう，雨が多い冬に小麦などを栽培する農業だよ。

ぶどうの栽培

混合農業

家畜と小麦など

★今夜のおさらい

☆ 中国の人口の約9割は漢族(漢民族)です。経済特区を設けるなどして、急速に経済が発展していて、BRICS(s)の一員となっています。ペルシア湾岸は、世界有数の石油の産地です。

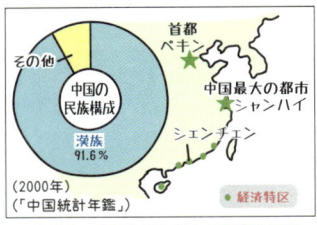

▲中国の民族構成と経済特区

☽ EU(ヨーロッパ連合)は、関税を撤廃し、多くの国で共通通貨のユーロを導入しています。農業は混合農業や地中海式農業がさかんです。

▲EU加盟国とユーロ導入国

💤 寝る前にもう一度

- ☆ 中国は経済特区を設けて、BRICS(s)の一員。ペルシア湾岸は石油の大産地。
- ☽ EUの多くでユーロ導入。農業は混合農業や地中海式農業。

3. 地理：南北アメリカ州

★今夜おぼえること

中1の復習

☆**アメリカの民族はヒスパニック**が増加。工業は**サンベルト，シリコンバレー。**

ヒスパニック
スペイン語を話す中南米からの移民

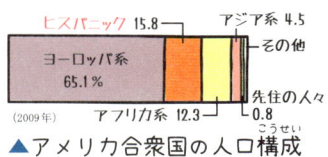

アメリカ合衆国の人口構成
ヨーロッパ系 65.1%／アフリカ系 12.3／ヒスパニック 15.8／アジア系 4.5／その他／先住の人々 0.8（2009年）

中1の復習

☾**流域面積世界一のアマゾン川**流域で，**熱帯雨林**が減少。

耕地や道路建設などのために**熱帯雨林（熱帯林）**が伐採され，問題になっているよ。

熱帯雨林の伐採／アマゾン川

★今夜のおさらい

😊 アメリカでは, ヒスパニック が増えています。工業は北緯37度以南の サンベルト やサンフランシスコ近郊の シリコンバレー でさかんです。

▲アメリカの主な工業地域

🌙 南アメリカ州には, アンデス山脈が連なり流域面積世界一の アマゾン川 が流れています。アマゾン川 流域では, 熱帯雨林（熱帯林） の減少が環境問題となっています。

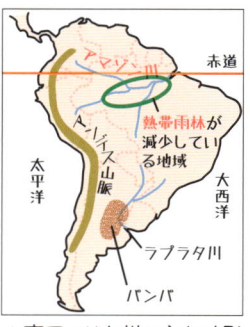

▲南アメリカ州の主な地形

💤 寝る前にもう一度
- 😊 アメリカの民族はヒスパニックが増加。工業はサンベルト，シリコンバレー。
- 🌙 流域面積世界一のアマゾン川流域で，熱帯雨林が減少。

4. 地理：アフリカ州，オセアニア州

★今夜おぼえること

中1の復習

★ **ギニア湾岸でカカオ豆。アフリカ各地でレアメタル。**

カカオ豆は，チョコレートの原料だよ。プランテーションでつくられるんだ。

カカオ豆 → チョコレート

レアメタル
携帯電話などに利用

中1の復習

🌙 ゴロ合わせ オーストラリアの鉱産資源 **鉄製（西部）の短（石炭）刀（東部）。**

オーストラリアの西部で鉄鉱石，東部で石炭の産出がさかん。どちらも日本へ多く輸出されているんだ。地表を直接削る露天掘りによる採掘が行われているよ。

鉄製(西)の短(炭)刀(東)

「鉄鉱石が西部、石炭が東部…。」

★今夜のおさらい

☆ ギニア湾岸のプランテーションで カカオ 豆の栽培がさかんです。アフリカ各地で、金やダイヤモンドのほか、携帯電話などに使われるコバルトなどの レアメタル （希少金属） が産出します。

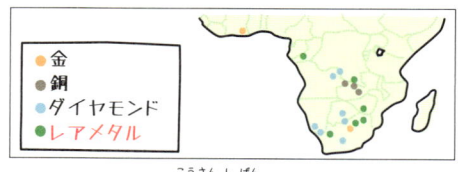

▲アフリカ南部の鉱産資源

☽ オーストラリアは鉱産資源が豊富で、西部で 鉄鉱石 、東部で 石炭 の産出がさかんです。日本へも多く輸出されています。

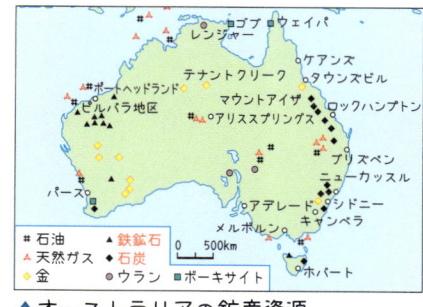

▲オーストラリアの鉱産資源

💤寝る前にもう一度

- ☆ ギニア湾岸でカカオ豆。アフリカ各地でレアメタル。
- ☽ 鉄製（西部）の短（石炭）刀（東部）。

5. 地理：日本のすがた

★今夜おぼえること

中1の復習

☆☆ **国の領域は領土・領海・領空。経済水域(けいざいすいいき)は200海里。**

経度(けいど)15度で1時間の時差。

日本（東経(とうけい)135度）とイギリスのロンドン（経度0度）との時差は，135(度)÷15(度)＝9(時間)で求められるよ。日本が正午の時，ロンドンは午前3時なんだ。

時差が9時間
午前3時 → 正午
こっちは夜中だよ。
旅行楽しんでいるかい？
ロンドン（経度0度）
東京（東経135度が標準時）

中1の復習

🌙 **中央部に日本アルプス。季節風は夏に南東，冬に北西から。**

日本アルプス

夏・太平洋側 雨が多い
「今日も雨か…」

冬・日本海側 雪が多い
「今日も雪か…」

社会

★ 今夜のおさらい

🌟 国の領域は<u>領土</u>，領海，領空からなります。また，各国は200海里の<u>経済水域（排他的経済水域）</u>を設定しています。<u>経度15度</u>で1時間の時差がうまれます。

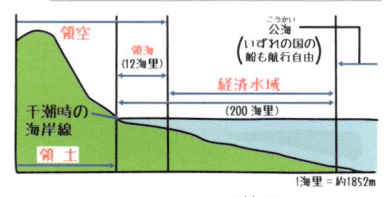

▲領土・領海・領空の範囲

🌙 本州の中央部に<u>飛騨・木曽・赤石</u>山脈からなる<u>日本アルプス</u>が連なります。季節風は夏に<u>南東</u>から，冬に<u>北西</u>から吹いて，気候に影響を与えます。

▲日本の気候区分

💤 寝る前にもう一度

- 🌟 国の領域は領土・領海・領空。経済水域は200海里。経度15度で1時間の時差。
- 🌙 中央部に日本アルプス。季節風は夏に南東，冬に北西から。

6. 地理：日本の人口・産業

★ 今夜おぼえること

中2の復習

★★ ゴロ合わせ 先進国と発展途上国の人口ピラミッド

千（先進国）個のつぼで，富士山発展。

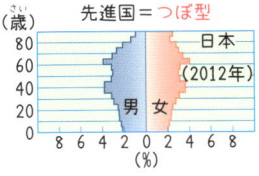

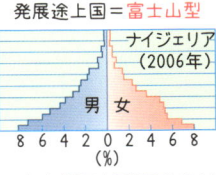

先進国＝つぼ型　日本（2012年）
発展途上国＝富士山型　ナイジェリア（2006年）

1000個

▲日本(左)とナイジェリア(右)の人口ピラミッド
(2013/14年版「日本国勢図会」ほか)

中2の復習

🌙 **育てる漁業に力を入れる。**

工業の中心は太平洋ベルト。

現地生産で産業の空洞化。

近年漁獲量が減り，養殖漁業や栽培漁業などの育てる漁業に力が入れられているよ。

養殖漁業
大きくなるまで育てる
（放流はしない）

栽培漁業
途中で放流する

社会

> ★ 今夜のおさらい

☆ **先進国**は**少子化**と**高齢化**が進み,人口ピラミッドは **つぼ** 型となります。**発展途上国**の人口ピラミッドは,多産多死の **富士山** 型となります。

🌙 漁業では **育てる漁業** に力を入れています。工業は **太平洋ベルト** でさかんです。日本は **加工貿易** で発展してきましたが,**貿易摩擦** が起こり,**現地生産** が進んだことなどから,**産業の空洞化** が問題となっています。

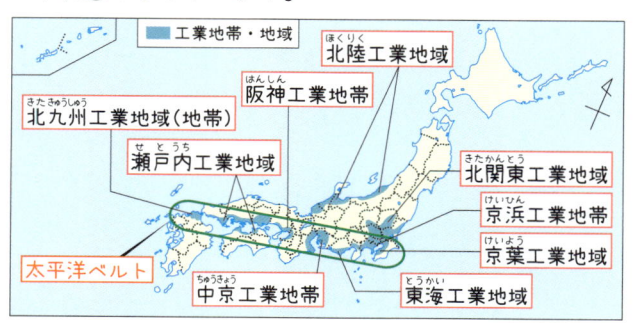

▲日本の主な工業地帯・地域

・💤 寝る前にもう一度・

☆ 千(先進国)個のつぼで,富士山発展。
🌙 育てる漁業に力を入れる。工業の中心は太平洋ベルト。現地生産で産業の空洞化。

7. 地理：九州地方，中国・四国地方

★今夜おぼえること

中2の復習

★★ **阿蘇山にカルデラ。シラス台地で畜産。鉄鋼業から北九州工業地域（地帯）が発達。**

北九州工業地域（地帯）は，現在の北九州市に八幡製鉄所が建設されたことで，鉄鋼業を中心に発達したよ。

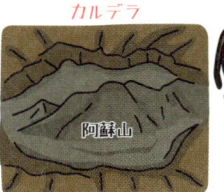

カルデラ（阿蘇山）
畜産

中2の復習

🌙 **宮崎・高知平野で促成栽培。本州四国連絡橋でつながる。**

促成栽培

瀬戸内しまなみ海道／明石海峡大橋／倉敷／児島／尾道／坂出／今治／瀬戸大橋／鳴門／大鳴門橋／明石

★今夜のおさらい

🌙 **阿蘇山**には世界最大級の **カルデラ** があります。**シラス台地** では，肉牛や豚などを飼育する **畜産** がさかんです。鉄鋼業から **北九州工業地域（地帯）** が発達しました。

肉牛
| 北海道 19.6% | 鹿児島 13.0 | | 熊本 5.2 | その他 |

宮崎 9.2

豚
| | | | 千葉 6.8 | その他 |

鹿児島 14.0% ／ 群馬 6.5 ／ 宮崎 9.1
（2012年）（2013/14年版『日本国勢図会』）

▲肉牛と豚の飼育頭数の都道府県別割合

🌙 **宮崎平野** や **高知平野** では温暖な気候をいかした，ピーマンやなすなどの野菜の **促成栽培** がさかんです。本州と四国は，**瀬戸大橋** などの **本州四国連絡橋** でつながっています。

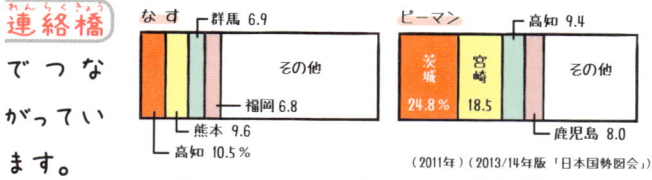

なす
| | 群馬 6.9 | | その他 |

高知 10.5% ／ 熊本 9.6 ／ 福岡 6.8

ピーマン
| 茨城 24.8% | 宮崎 18.5 | | 高知 9.4 | その他 |

鹿児島 8.0

（2011年）（2013/14年版『日本国勢図会』）

▲なすとピーマンの生産量の都道府県別割合

💤 寝る前にもう一度

- 🌙 阿蘇山にカルデラ。シラス台地で畜産。鉄鋼業から北九州工業地域（地帯）が発達。
- 🌙 宮崎・高知平野で促成栽培。本州四国連絡橋でつながる。

8. 地理：近畿地方, 中部地方

★ 今夜おぼえること

【中2の復習】

☆**阪神工業地帯に中小工場。**

近畿地方に多くの世界遺産。

阪神工業地帯には中小工場が多いんだ。多くは大工場の下請けだけど、特定の分野で優れた技術を持つ中小工場もあるよ。

人工衛星「まいど1号」

【中2の復習】

☽ **甲府盆地はぶどう・もも，牧ノ原は茶の日本一の産地。**

中京工業地帯で自動車。

甲府盆地で
ぶどう
もも

牧ノ原で茶

中京工業地帯
自動車

★今夜のおさらい

☆ 大阪府と兵庫県を中心に形成された **阪神工業地帯** は，**中小工場** が多いことが特色です。近畿地方には文化財が多く，多くの **世界(文化)遺産** があります。

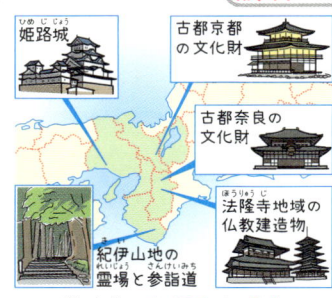

- 姫路城
- 古都京都の文化財
- 古都奈良の文化財
- 法隆寺地域の仏教建造物
- 紀伊山地の霊場と参詣道

▲近畿地方の世界文化遺産

☽ 山梨県の **甲府盆地** は **ぶどう**・**もも**，静岡県の **牧ノ原** は **茶** の日本一の産地です。**中京工業地帯** で **自動車**，**東海工業地域** で **楽器やオートバイ** の生産がさかんです。

ぶどう

| 山梨 24.5% | 長野 13.6 | 山形 10.8 | 岡山 7.9 | その他 |

(2011年)

茶

| 静岡 38.9% | 鹿児島 30.3 | 宮崎 4.7 | 三重 9.0 | その他 |

(2012年)

(2013/14年版「日本国勢図会」)

▲ぶどうと茶の生産量の都道府県別割合

💤 寝る前にもう一度

- ☆ 阪神工業地帯に中小工場。近畿地方に多くの世界遺産。
- ☽ 甲府盆地はぶどう・もも，牧ノ原は茶の日本一の産地。中京工業地帯で自動車。

9. 地理：関東地方，東北地方

☐ 月 日
☐ 月 日

★ 今夜おぼえること

中2の復習

⭐⭐ **首都・東京**を中心に**東京大都市圏**。周辺で**近郊農業**。**京浜工業地帯**で**印刷業**。

茨城県や千葉県では，大都市向けに野菜や花などを生産する近郊農業がさかんだよ。

近郊農業

京浜工業地帯ではEP刷業がさかん
雑誌　新聞

中2の復習

🌙 **やませ**で**冷害**。**青森**の**りんご**，**山形**の**さくらんぼ**。(おうとう)

東北地方の太平洋側は，夏に冷たい北東風の**やませ**が吹くことがあるよ。やませが吹くと気温が下がり，稲などが育たない冷害が起こることがあるんだ。

やませ
(冷たい北東風)

稲が育たないと大変!!

★ 今夜のおさらい

☆ 首都・東京を中心に 東京大都市圏 が形成され、人口が集中しています。周辺では 近郊農業 がさかんです。京浜工業地帯では、機械工業や 印刷業 がさかんです。

▲東京23区への通勤・通学者数（2010年）
- 埼玉 86万人
- 茨城 7万人
- 東京（23区以外）54万人
- 千葉 72万人
- 神奈川 90万人
- その他の県 7万人
- （国勢調査）

☽ 東北地方では やませ が吹くと 冷害 となることがあります。青森で りんご 、山形で さくらんぼ（おうとう） の栽培がさかんです。

▲東北地方で栽培がさかんなくだものの生産量の都道府県別割合

りんご 計66万t
- 青森 56.1%
- 長野 21.3
- 岩手 6.4
- 山形 4.7
- 福島 4.0
- その他

さくらんぼ（おうとう）計2万t
- 山形 76.5%
- 北海道 6.0
- その他

（2011年）（2013/14年版「日本国勢図会」）

💤 寝る前にもう一度

- ☆ 首都・東京を中心に東京大都市圏。周辺で近郊農業。京浜工業地帯で印刷業。
- ☽ やませで冷害。青森のりんご、山形のさくらんぼ。

10. 地理：北海道(ほっかいどう)地方，身近な地域

★今夜おぼえること

中2の復習

☆石狩(いしかり)平野で稲作(いなさく)，十勝(とかち)平野で畑作(はたさく)，根釧(こんせん)台地で酪農(らくのう)。先住民はアイヌの人たち。

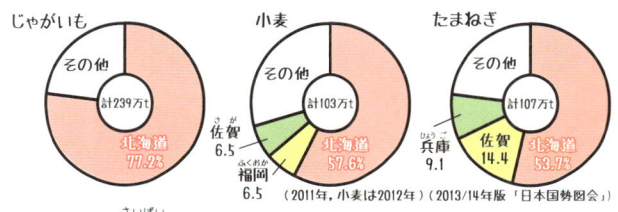

じゃがいも 計239万t その他 北海道 77.2%

小麦 計103万t その他 北海道 57.6% 佐賀(さが) 6.5 福岡(ふくおか) 6.5

たまねぎ 計107万t その他 北海道 53.7% 佐賀 14.4 兵庫(ひょうご) 9.1

(2011年，小麦は2012年)(2013/14年版「日本国勢図会」)

▲北海道で栽培(さいばい)がさかんな農作物の生産量の都道府県別割合

中2の復習

🌙実際の距離(きょり)＝地図上の長さ×縮尺(しゅくしゃく)の分母。

2万5千分の1の縮尺の地図上で，2cmの長さの実際の距離は，2(cm)×25000＝50000(cm)＝500(m)となるよ。

$\frac{1}{25000}$の地図だから…

★今夜のおさらい

🌑 北海道では 石狩平野 や 上川盆地 で 稲作 ,
十勝平野 で 畑作 , 根釧台地 で 酪農 がさかん
です。先住民の アイヌ の人たちの文化を保護す
る動きが強まっています。

```
         北見盆地
上川盆地
         たまねぎ
石狩平野    米         乳牛
              メロン      根釧台地
洞爺湖        てんさい
         じゃがいも  十勝平野
    有珠山
```
▲北海道の地形と主な農畜産物

🌙 地形図に示される 縮尺 は，実際の距離を地
図上に縮めた割合です。実際の距離は 地
図上の長さ に 縮尺の分母 をかけて求めます。

💤 寝る前にもう一度
- ★ 石狩平野で稲作，十勝平野で畑作，根釧台地で酪農。先住民はアイヌの人たち。
- 🌙 実際の距離＝地図上の長さ×縮尺の分母。

11. 歴史：文明のおこりと日本の成り立ち

★今夜おぼえること

中1の復習
🌟 **メソポタミア**では**くさび形文字**，**中国**では**甲骨文字**（こうこつ）。

古代文明で使われた文字

エジプトの象形文字（しょうけい）　　メソポタミアのくさび形文字　　中国の甲骨文字

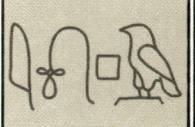

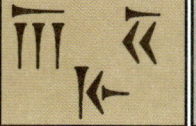

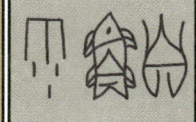

中1の復習
🌙 **縄文時代**（じょうもん）に**土偶**（どぐう），**弥生時代**（やよい）は**青銅器や鉄器**を使用。

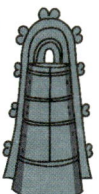

土偶　　銅鐸（どうたく）　　銅剣（どうけん）

社会

★今夜のおさらい

🌙 チグリス川・ユーフラテス川流域でおこった**メソポタミア文明**では**くさび形文字**が，中国の黄河流域でおこった文明では**甲骨文字**が使われました。また，エジプト文明では**象形文字**（ヒエログリフ）が使われました。

🌙 **縄文時代**には魔よけなどのために**土偶**という人形がつくられ，**弥生時代**には銅剣などの**青銅器**や**鉄器**が大陸から伝わりました。

> 縄文時代には縄文土器(左),弥生時代には弥生土器(右)が使われたよ。

💤寝る前にもう一度

★ メソポタミアではくさび形文字，中国では甲骨文字。
🌙 縄文時代に土偶，弥生時代は青銅器や鉄器を使用。

12. 歴史：古代国家のあゆみ

★ 今夜おぼえること

☆☆ 聖徳太子は法隆寺を，聖武天皇は東大寺を建てた。

聖徳太子のころや聖武天皇のころは仏教文化が栄えたよ。

「国が平和になりますように。」

☾ 平安時代の政治は，摂関政治→院政の開始→平氏の政治の順。

摂関政治　　院政　　平氏の政治

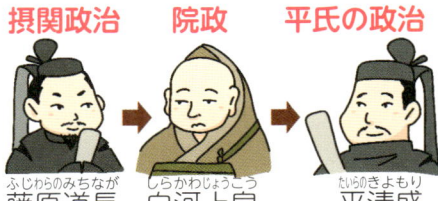

藤原道長　→　白河上皇　→　平清盛

★ 今夜のおさらい

✦ 聖徳太子 が法隆寺を建てたころ栄えた文化を 飛鳥文化 といいます。また、奈良時代、東大寺を建てて大仏をつくらせた 聖武天皇 のころ栄えた文化を、 天平文化 といいます。

正倉院の宝物

天平文化

☾ 平安時代、藤原氏が代々、摂政・関白の地位について行った政治を 摂関政治 といいます。藤原氏が衰えたころ 白河上皇 が 院政 を始め、その後、 平清盛 が政治の実権を握りました。

わしの歌じゃ。

藤原道長

この世をば　わが世とぞ思う
望月の　欠けたることも
なしと思えば

💤 寝る前にもう一度

- ✦ 聖徳太子は法隆寺を、聖武天皇は東大寺を建てた。
- ☾ 平安時代の政治は、摂関政治→院政の開始→平氏の政治の順。

13. 歴史：武家政治の始まり

★今夜おぼえること

★★ 鎌倉幕府は承久の乱後に支配を強め、元寇後に衰えた。

承久の乱
上皇軍を倒すのです！
北条政子

元寇
やっと引き上げた。

室町時代、足利義満は勘合貿易（日明貿易）を始め、足利義政は銀閣を建てた。

勘合　本字壹號

銀閣

★ 今夜のおさらい

☢ 鎌倉時代初め、後鳥羽上皇が政権を取り戻そうと承久の乱を起こしました。幕府はこれを破り、全国支配を固めました。また、13世紀後半の元軍の襲来（元寇）ののち御家人の不満が高まり、幕府は衰えました。

年	1192	1221	1232	1274・81	1333
できごと	源頼朝が征夷大将軍になる	承久の乱が起こる	御成敗式目を制定	元寇	鎌倉幕府滅亡

☽ 室町時代、3代将軍足利義満は明と貿易を始めました。この貿易は勘合という合い札を使ったので勘合貿易といいます。また8代将軍足利義政のころには、銀閣に代表される簡素な文化が栄えました。

> 私のころ栄えた文化を東山文化というぞ。
> 足利義政

💤 寝る前にもう一度

- ☢ 鎌倉幕府は承久の乱後に支配を強め、元寇後に衰えた。
- ☽ 室町時代、足利義満は勘合貿易（日明貿易）を始め、足利義政は銀閣を建てた。

14. 歴史：全国統一と江戸幕府の成立

★今夜おぼえること

☆☆全国統一は，織田信長のあとをついだ豊臣秀吉が完成。

本能寺の変

「無念じゃ。」——織田信長

「信長様のあとは私がつぐ！」——豊臣秀吉

☽徳川家康が開いた江戸幕府は，徳川家光のころ整った。

徳川家康は1603年に江戸幕府を開いたんだ。幕府が全国の大名を統制するしくみは3代将軍家光のころまでに整えられたよ。

「大名に守らせるきまりを定めたぞ。」

武家諸法度

★ 今夜のおさらい

☪ 戦国時代, 織田信長 は全国統一をめざし, 楽市・楽座 などの政策を行いました。信長の死後, あとをついだ 豊臣秀吉 は, 太閤検地 や 刀狩 を行って全国の土地と百姓を支配しました。

楽市・楽座 | 刀狩

「だれでも自由に営業してよい。」

「すべての武器を差し出せ。」

🌙 江戸幕府を開いた 徳川家康 の孫の 徳川家光 は, 武家諸法度 で 参勤交代 の制度を定め, 大名支配を固めました。

参勤交代の制度

大名は1年おきに江戸と領地を往復する

江戸　妻子は江戸に住む　　　　　領地

💤 寝る前にもう一度

- ☪ 全国統一は, 織田信長のあとをついだ豊臣秀吉が完成。
- 🌙 徳川家康が開いた江戸幕府は, 徳川家光のころ整った。

15. 歴史：産業の発達と幕府政治の動き

★今夜おぼえること

中2の復習

☆**商業の中心地大阪で元禄文化、江戸で化政文化が発達。**

大阪は「天下の台所」といわれた商業の中心地で、早くから町人文化が発達したよ。

> このころはわれわれ町人が成長したんだ。

中2の復習

🌙 享保の改革　ゴロ合わせ

競歩（享保の改革）は9時（公事方御定書）に出発。

徳川吉宗による政治改革を享保の改革という。このとき公事方御定書が定められたんだ。

> 公正な裁判を行うための法律じゃ。

公事方御定書

★今夜のおさらい

🌠 江戸時代，17世紀末〜18世紀初めの上方（大阪や京都）を中心に 元禄文化 が栄え，19世紀初めには，江戸を中心に 化政文化 が栄えました。

> ◇ 元禄文化 のころ文芸で活躍した人
> 井原西鶴，松尾芭蕉，近松門左衛門
> ◇ 化政文化 のころ浮世絵で活躍した人
> 喜多川歌麿，葛飾北斎，歌川（安藤）広重

🌙 江戸時代，徳川吉宗は裁判の基準となる 公事方御定書 を定めたほか，庶民の声を聞くために目安箱を設けるなどの 享保の改革 を行いました。

江戸時代の三大幕政改革

改革名	時期	行った人
享保の改革	1716〜45年	徳川吉宗
寛政の改革	1787〜93年	松平定信
天保の改革	1841〜43年	水野忠邦

💤 寝る前にもう一度

- 🌠 商業の中心地大阪で元禄文化，江戸で化政文化が発達。
- 🌙 競歩（享保の改革）は9時（公事方御定書）に出発。

16. 歴史：ヨーロッパの近代化と開国

★今夜おぼえること

中2の復習

☆アメリカ独立戦争で「独立宣言」，フランス革命で「人権宣言」。

アメリカ独立戦争
「イギリス本国のやり方は許せない！」

フランス革命
「われわれに自由と平等を！」

中2の復習

☾日米和親条約→日米修好通商条約の順で日本は開国。

「開国を要求する！」 ペリー

「やむをえん。下田と函館の港を開こう。」 幕府

143

★今夜のおさらい

🌃 1775年、アメリカはイギリスと独立戦争を始め、翌年、「独立宣言」を発表しました。また、1789年に起こったフランス革命では、自由・平等を主張する「人権宣言」が発表されました。

> **人権宣言**
> 第1条 人は生まれながら、自由で平等な権利を持つ。
> 第3条 主権の源は、もともと国民の中にある。

🌙 1853年、アメリカ使節ペリーが来航し、日本に開国を求めました。翌年、幕府は日米和親条約を結び、さらに1858年には日米修好通商条約を結んで正式な貿易を始めました。

2つの条約で開港した港
◇日米和親条約…下田、函館
◇日米修好通商条約…函館、新潟、神奈川（横浜）、兵庫（神戸）、長崎

💤 **寝る前にもう一度**
🌃 アメリカ独立戦争で「独立宣言」、フランス革命で「人権宣言」。
🌙 日米和親条約→日米修好通商条約の順で日本は開国。

17. 歴史：近代日本の成立

★ 今夜おぼえること

☆☆ 明治政府は地租改正を行い，現金で地租を納めさせた。

江戸時代は → **地租改正後は**

主に米で年貢を納めた／現金で地租を納めた

☆ 板垣退助は自由民権運動を進め，伊藤博文は大日本帝国憲法の草案をつくった。

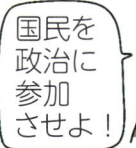

板垣退助：「国民を政治に参加させよ！」

伊藤博文：「ドイツに学んで憲法をつくろう。」

★今夜のおさらい

☆1873年、富国強兵の一環として地租改正を行い、土地所有者に地価の3％を現金で納めさせるようにしました。これによって、政府の財政収入が安定しました。

> 国力を高め、強い軍隊をつくる政策が富国強兵じゃ。

地租改正
徴兵令
学制公布

☽1874年、板垣退助らが民撰（選）議院設立の建白書を出したことをきっかけに、国会開設などを求める自由民権運動が始まりました。一方、伊藤博文はこの運動を抑えるとともに、ドイツ（プロイセン）の憲法などを学んで大日本帝国憲法の草案をつくりました。

💤 寝る前にもう一度
- ☆明治政府は地租改正を行い、現金で地租を納めさせた。
- ☽板垣退助は自由民権運動を進め、伊藤博文は大日本帝国憲法の草案をつくった。

18. 歴史：第一次世界大戦と日本

★今夜おぼえること

中2の復習 ゴロ合わせ 第一次世界大戦始まる

行く人死（1914年）んだ第一次世界大戦。

第一次世界大戦は1914年に始まり、世界中を巻きこんで多くの犠牲者を出したよ。

中2の復習

🌙 **普通選挙法で満25歳以上のすべての男子に選挙権。**

1925年、日本の選挙制度が変わり、選挙権にそれまでの納税額の制限がなくなったんだ。

> 財産がなくても選挙権を持てるんだ！

★今夜のおさらい

★ 1914 年，バルカン半島で起こったオーストリア皇太子夫妻暗殺事件をきっかけに，ドイツ中心の同盟国と，イギリス中心の連合国の間で第一次世界大戦が始まりました。

> 同盟国側が敗れ，1919年にベルサイユ条約が結ばれたよ。

バルカン半島

🌙 大正時代，普通選挙を求める運動が高まりました。そして1925年，納税額にかかわりなく満25歳以上のすべての男子に選挙権を認める普通選挙法が成立しました。

> 女性にも選挙権が認められるのは第二次世界大戦後よ。

💤 寝る前にもう一度
- ★ 行く人死（1914年）んだ第一次世界大戦。
- 🌙 普通選挙法で満25歳以上のすべての男子に選挙権。

19. 歴史：第二次世界大戦と日本

★ 今夜おぼえること

【中2の復習】

🌟 ゴロ合わせ 日中戦争始まる

<u>いくさ長</u>（**1937年**）
　1 9 3 7

引く日中戦争。

1937年に始まった日本と中国との戦争は長く続いたんだ。

【中2の復習】

🌙 **1945年，日本はポツダム宣言を受諾し降伏した。**

ポツダム宣言は，連合国が日本の降伏条件を示した宣言だよ。

「やっと戦争が終わった。」

★今夜のおさらい

✪ 1937 年，日本と中国との間で日中戦争が始まりました。戦争は長引き，日本は国家総動員法を定めるなど戦時体制を固めました。さらに1941年には日本がアメリカ・イギリスに宣戦布告して太平洋戦争が始まりました。

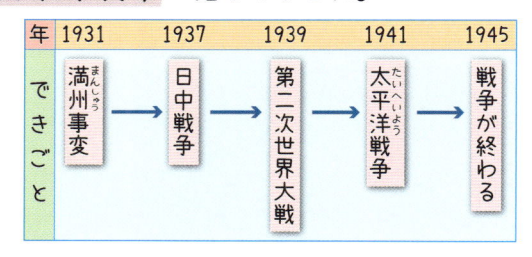

年	1931	1937	1939	1941	1945
できごと	満州事変	日中戦争	第二次世界大戦	太平洋戦争	戦争が終わる

☾ 1945年，連合国が発表したポツダム宣言を日本が受け入れて降伏し，1939年に始まった第二次世界大戦は終わりました。

> 日本が降伏を決定する直前に広島・長崎に原子爆弾が投下されて，多くの人が犠牲になったよ。

💤 寝る前にもう一度

- ✪ いくさ長(1937年)引く日中戦争。
- ☾ 1945年，日本はポツダム宣言を受諾し降伏した。

20. 歴史：日本の民主化と現代の世界

★今夜おぼえること

☆☆ 第二次世界大戦後の民主化

農地改革で多くの小作農が**自作農**に。

- 小作農：「地主の農地を借りているんだ。」
- 農地改革 →
- 自作農：「自分の農地になったよ。」

☽ 1951年，**サンフランシスコ平和条約**で日本は**独立回復**。

サンフランシスコ平和条約で，連合国軍の日本占領（せんりょう）が終わったんだ。

吉田茂首相（よしだしげるしゅしょう）

★今夜のおさらい

🌸 第二次世界大戦後、農村では、地主の土地を政府が買い上げて小作人に安く売り渡す 農地改革 が行われ、農村の民主化が進みました。また新しい憲法、日本国憲法も公布されました。

自作地が大きく増えているよ。

自作地と小作地の割合

1940年	自作地 54.5%	小作地 45.5
1950年(農地改革後)	89.9%	9.9 その他0.2

🌙 1951年、サンフランシスコで講和会議が開かれ、日本は48か国と サンフランシスコ平和条約 を結びました。また、同時に日米安全保障条約も結ばれました。

> 第一次世界大戦の講和会議が開かれたのはパリだよ。まちがえないように。

・😴 寝る前にもう一度・
- 🌸 農地改革で多くの小作農が自作農に。
- 🌙 1951年、サンフランシスコ平和条約で日本は独立回復。

21. 公民：現代の社会と日本国憲法

★ 今夜おぼえること

◎ 少子高齢化が進み，家族の形も核家族が中心。

少子高齢化が進むと，社会保障費用などの財源が問題になるよ。

日本の社会保障制度 ▶

年金／医療保険／介護保険／費用がかかるな…

☽ 国民（国民主権）の基本（基本的人権の尊重）は，平和（平和主義）の尊重。

日本国憲法の3つの基本原則だよ！

★ 今夜のおさらい

🌟 現在の日本は 少子高齢化 が進み, 核家族 が増えています。少子高齢化が進むと, 社会保障費用 が多くなり, 国民一人あたりの経済的負担 が重くなります。

1990年 5.1人
2025年（推計）1.8人
2060年（推計）1.2人

▲高齢者（65歳以上）1人を支える20〜64歳の人口の割合
（厚生労働省資料）

🌙 日本国憲法が施行されたのは, 1947年の5月3日です（憲法記念日 ですね）。その基本原則は, 国民主権 ・ 基本的人権の尊重 ・ 平和主義 の3つです。

> 第9条では, 戦争の放棄・戦力の不保持・交戦権の否認を定めているよ！

💤 寝る前にもう一度

- 🌟 少子高齢化が進み, 家族の形も核家族が中心。
- 🌙 国民（国民主権）の基本（基本的人権の尊重）は, 平和（平和主義）の尊重。

22. 公民：基本的人権の尊重

★今夜おぼえること

☆自由権などの権利は、公共の福祉のために制限されることがある。

公共の福祉とは、社会の大多数の人々の利益といった意味だよ。

☾社会権の基本は、憲法第25条の生存権。

憲法第25条には、「すべて国民は、健康で文化的な最低限度の生活を営む権利を有する」とあるね。

- 失業：人間らしい生活を送りたい。
- 貧困
- 病気：自分の力ではどうしようもないんだ。

わかりました。社会保障制度を充実させましょう。

★ 今夜のおさらい

😺 [自由権] で職業選択の自由があるといっても，特別な資格がなければ医師などになれないように，人権は [公共の福祉] のために制限されることがあります。

(例) 道幅がせますぎて渋滞の多い道路

「道を広げるので移転してください。」
「自分の土地だから，住む権利がある！」

個人の土地(財産)でも，正当な補償のもと，公共のために用いられることもある。

▲人権が制限される例

🌙 [社会権] は人間らしい生活の保障を求める権利のことで，[生存権] のほかに**教育を受ける権利**，**勤労の権利**，**労働基本権（労働三権）** があります。

> 労働基本権は団結権，団体交渉権，団体行動権の3つの権利のことだよ。

・・・💤 寝る前にもう一度・・・
- 😺 自由権などの権利は，公共の福祉のために制限されることがある。
- 🌙 社会権の基本は，憲法第25条の生存権。

23. 公民：民主政治のしくみ，国会

★今夜おぼえること

☆選挙制度には小選挙区制・大選挙区制・比例代表制などがある。

> 比例代表制は，各政党の得票率に応じて議席を配分する制度だね。

☽国会は国権の最高機関で，法律の制定（立法）を行う。

国の最高の意思決定機関。

内閣　国会　No.1　裁判所

> 法律を制定できるのは国会だけで，「唯一の立法機関」ともよばれるよ。

★今夜のおさらい

㊀ 1つの選挙区から1人の代表を選ぶのが 小選挙区 制，各政党の得票率に応じて 議席 を配分 するのが 比例代表 制です。

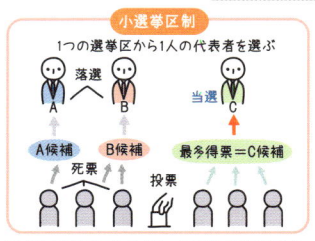

小選挙区制
1つの選挙区から1人の代表者を選ぶ

政権が安定するが，死票（落選者に投じられた票）が多く，少数意見が反映されにくいといわれる。

比例代表制
得票率に応じて議席を配分

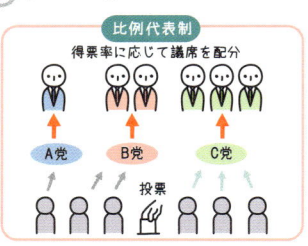

死票が少なく，国民のさまざまな意見が反映されるが，小政党が分立し，政権が不安定になりやすい。

☾ 国会は， 国権の最高機関 であり， 唯一の 立法機関 である。国会の主な仕事は， 法律の 制定 のほかに，予算の審議・議決， 内閣総理大臣の指名 です。

💤 寝る前にもう一度

- ㊀ 選挙制度には小選挙区制・大選挙区制・比例代表制などがある。
- ☾ 国会は国権の最高機関で，法律の制定（立法）を行う。

24. 公民：内閣，裁判所

★今夜おぼえること

😊議院内閣制により，内閣不信任案が可決されると，内閣総辞職か衆議院を解散。

内閣は国会の信任の上に成立しているからだよ。

🌙裁判は民事と刑事。裁判員制度で国民は裁判員として刑事裁判に参加。

民事裁判は個人や企業間の争い，刑事裁判は犯罪行為についての裁判だよ。

★ 今夜のおさらい

❂ 議院内閣制 により、内閣は 国会の信任 の上に成立しているので、衆議院で内閣不信任案が可決されると、内閣は 総辞職 するか、衆議院を解散 します。

☾ 裁判には 民事裁判 と 刑事裁判 があり、国民は 裁判員制度 によって 刑事裁判の第一審に参加 します。

◀ 裁判員が参加する刑事裁判の法廷のようす

（図：裁判員・裁判官・裁判員／書記官／検察官・被告人・被告人席・弁護人／傍聴人）

💤 寝る前にもう一度

❂ 議院内閣制により、内閣不信任案が可決されると、内閣総辞職か衆議院を解散。
☾ 裁判は民事と刑事。裁判員制度で、国民は裁判員として刑事裁判に参加。

25. 公民：地方自治と市場経済

★ 今夜おぼえること

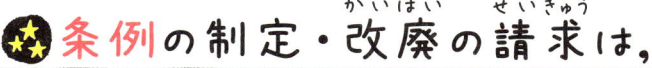

☆ **条例**の制定・改廃の請求は，**直接請求権**の1つ。

> 条例は，地方議会が法律の範囲内で定める法で，その地方公共団体にだけ適用されるよ。

☾ **均衡価格**は**需要量**と**供給量**が一致するところで決まる。

私たちが買おうとする量が需要量，生産者が売ろうとする量が供給量だよ。

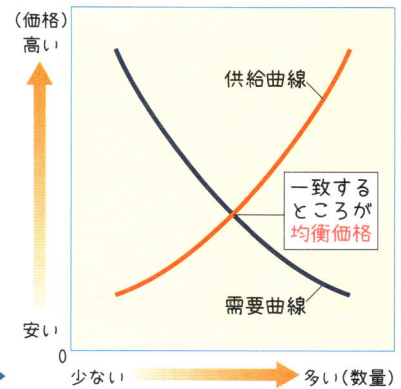

(価格) 高い ↑ 安い
供給曲線
一致するところが **均衡価格**
需要曲線
少ない → 多い(数量)

需要・供給・価格の関係 ▶

★今夜のおさらい

🌠 (条例)は地方議会が制定する法で、(直接請求権)により住民はその制定・改廃を求めることができます。

直接請求	法定署名数	請求先
条例の制定・改廃の請求	有権者の**50分の1**以上	首長
監査請求		監査委員
解職請求 首長・議員	有権者の**3分の1**以上	選挙管理委員会
解職請求 その他の役職員		首長
解散請求		選挙管理委員会

◗ 直接請求権の種類 ▶

🌙 価格は変動しますが、最終的には(需要量)と(供給量)が一致する(均衡価格)で落ち着きます。

価格には、市場で決まる価格のほかに、国や地方公共団体が決める公共料金があるよ。

・💤寝る前にもう一度・
- 🌠条例の制定・改廃の請求は、直接請求権の1つ。
- 🌙均衡価格は需要量と供給量が一致するところで決まる。

26. 公民：生産のしくみと経済

★今夜おぼえること

☆株式会社の株主は、利潤（利益）の一部を配当として受け取る。

株式会社は、株式を発行して、多くの人から資金を集めてつくられた会社だよ。

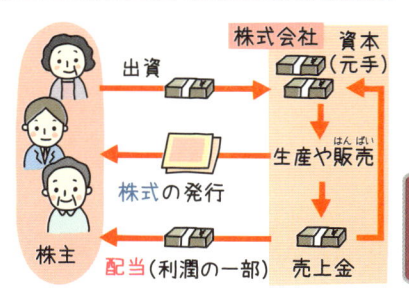

[図：株主が出資し、株式会社が株式の発行と配当（利潤の一部）を行う。株式会社では資本（元手）→生産や販売→売上金の流れ]

●〈ゴロ合わせ〉散歩（労働三法）の基準（労働基準法）は1日8時間！

労働三法は、労働基準法、労働組合法、労働関係調整法の3つの法律のことだよ。

法律名	内容
労働基準法	労働条件の最低基準を定める
労働組合法	労働者が労働組合を結成することなどを保障
労働関係調整法	労働者と使用者の対立を調整

★ 今夜のおさらい

☆ 株式会社の株式を購入した 株主 （出資者）は，利潤（利益）の一部を 配当 として受け取る権利をもっています。

> 株主は，会社の方針などを決める株主総会に出席して意見を言うことができるよ。

☽ 労働者の権利を保障する， 労働基準法 ，労働組合法，労働関係調整法を 労働三法 とよびます。 労働基準法 には1日8時間労働など，労働条件の最低基準 が定められています。

💤 寝る前にもう一度

☆ 株式会社の株主は，利潤（利益）の一部を配当として受け取る。
☽ 散歩（労働三法）の基準（労働基準法）は1日8時間！

27. 公民：国民生活と福祉

★今夜おぼえること

☆所得税は直接税で，代表的な累進課税。

所得が多くなるほど税率が高くなるんだね。

☽社会保障制度は2社（社会保険，社会福祉）・2公（公的扶助，公衆衛生）の4本柱。

社会保障制度は，憲法第25条の生存権に基づいているんだよ！

日本国憲法第25条
①すべて国民は，健康で文化的な最低限度の生活を営む権利を有する。

★今夜のおさらい

🌑 所得税は、税を納める人と負担する人が同じ直接税で、所得が多くなると税率も高くなる累進課税の方法がとられています。

	直接税	間接税
国税	所得税 法人税 相続税	消費税 揮発油税 酒税・関税 たばこ税
地方税 / 都道府県税	道府県民税(都民税) 自動車税 事業税	地方消費税 ゴルフ場利用税 道府県たばこ税 (都たばこ税)
地方税 / 市(区)町村税	市町村民税 (特別区民税) 軽自動車税 固定資産税	市町村たばこ税 (特別区たばこ税)

▲主な税の種類　国に納めるのが国税、地方公共団体に納めるのが地方税。

🌑 憲法第25条の生存権に基づいて、社会保険、公的扶助、社会福祉、公衆衛生からなる社会保障制度が整えられています。

社会保険	医療保険　年金保険　雇用保険 介護保険　労働者災害保険
公的扶助	生活保護（生活・住宅・教育・医療などの扶助）
社会福祉	障害者福祉　高齢者福祉 児童福祉　母子福祉
公衆衛生	感染症予防　廃棄物処理 上・下水道整備　公害対策ほか

▲日本の社会保障制度

💤 寝る前にもう一度

- 🌑 所得税は直接税で、代表的な累進課税。
- 🌑 社会保障制度は2社（社会保険、社会福祉）・2公（公的扶助、公衆衛生）の4本柱。

28. 公民：国際社会と国際問題

★ 今夜おぼえること

☆☆ 安全保障理事会の5常任理事国は拒否権をもつ。

常任理事国はアメリカ，ロシア連邦，イギリス，フランス，中国の5か国だよ。

常任理事国は5か国
イギリス／アメリカ／ロシア／中国／フランス

☾ 温室効果ガスの増加で地球温暖化が進む。

地球温暖化が進むと，異常気象や海面の上昇などの影響が出るよ。

★ 今夜のおさらい

🌙 <u>安全保障理事会</u>での重要事項の議決は、5常任理事国のうち1か国でも反対すると決定ができません。これを<u>拒否権</u>といいます。

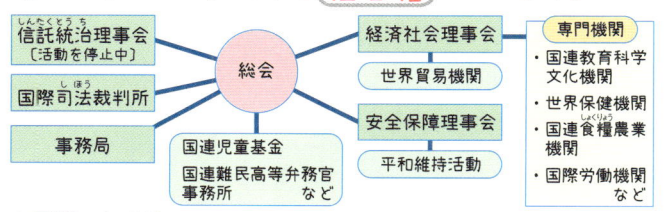

```
信託統治理事会          経済社会理事会 ─ 専門機関
〔活動を停止中〕      ╱                  ・国連教育科学
                  総会 ─ 世界貿易機関      文化機関
国際司法裁判所    ╱                      ・世界保健機関
                                   安全保障理事会    ・国連食糧農業
事務局                                              機関
        国連児童基金                 平和維持活動    ・国際労働機関
        国連難民高等弁務官                                    など
        事務所        など
```
▲国連のしくみ

🌙 二酸化炭素など<u>温室効果ガス</u>が増加して<u>地球温暖化</u>が進み、かんばつなどの異常気象や、海抜の低い島国が水没するおそれなどの影響が出ています。

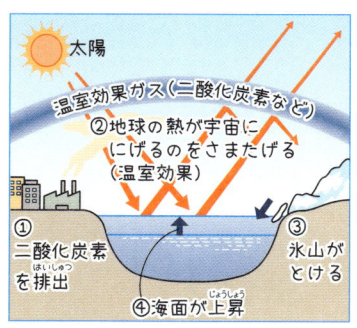

太陽
温室効果ガス（二酸化炭素など）
②地球の熱が宇宙ににげるのをさまたげる（温室効果）
①二酸化炭素を排出
③氷山がとける
④海面が上昇

▲地球温暖化のメカニズム

💤 寝る前にもう一度

- 🌙 安全保障理事会の5常任理事国は拒否権をもつ。
- 🌙 温室効果ガスの増加で地球温暖化が進む。

★ 今夜のおさらい

㉒ 「抑える」は「押（お）さえる」と類義の言葉です。

㉖ 「峡谷」は「深くて狭（せま）い谷」のこと。「川のある谷間」の意味の「渓谷」と混同して「けいこく」と読まないようにしましょう。

㉗ 「大海原」は熟字訓で、「広々とした海」という意味です。

㉙ 「静物」は「絵画の題材となる、花・果実・道具など動かないもの」という意味です。

㉛ 「概念」の「概」は、同じ部分をもつ「既」と間違（まちが）えて「きねん」と読まないようにしましょう。

㉝ 「抱」には「かか（える）」「だ（く）」「いだ（く）」という三つの訓読みがあるので、送り仮名で読み分けましょう。

💤 寝る前にもう一度

入試でよく出題される読み取りとして、「峡谷（きょうこく）」「大海原（おおうなばら）」「陰影（いんえい）」「静物（せいぶつ）」「気配（けはい）」「概念（がいねん）」「矛盾（むじゅん）」「抱（かか）える」「書斎（しょさい）」「簡素（かんそ）」「特徴（とくちょう）」「興奮（こうふん）」「抑（おさ）える」「愚（おろ）か」「誤（あやま）り」「驚（き）く」「隠（かく）す」「模索（もさく）」「振（ふ）る」「努（つと）める」を覚えましょう。

11. 漢字：漢字の読みトップ40 〈㉑〜㊵〉

★ 今夜おぼえること

☆☆ 少年は㉑興奮を抑えながら、そっと父の㉒書斎にもぐり込んだ。そして、時間を忘れて、㉔簡素だが㉕特徴的なタッチで描かれた㉖峡谷や㉗大海原のスケッチや、㉘陰影法を用いて描かれた㉙静物画のデッサンの画集に見入った。どのくらいたった頃であろうか、少年は人の気配を感じた。

☽ その科学者は、宇宙についての自らの概念の大きな㉜矛盾に気づき、頭を抱えた。自分の理論に、あまりに愚かな㉟誤りがあったことに驚きを隠せなかった。このときから、彼の模索が始まった。知恵を振り絞り、真理の探究に努めたのだ。

㉑こうふん ㉒しょさい ㉓おき ㉔かんそ ㉕とくちょう ㉖きょうこく ㉗おおうなばら ㉘いんえい ㉙せいぶつ ㉚けはい ㉛がいねん ㉜むじゅん ㉝かか ㉞おろ ㉟あやま ㊱おどろ ㊲かく ㊳ふ ㊴ちえ ㊵つと ㊶しぼ ㊷もさく

国語

★ 今夜のおさらい

② 「漂う」、⑥ 「慎む」は送り仮名もまとめて覚えましょう。

⑦ 「柔和」は「穏やかで優しげな様子」という意味です。「柔」はもう一つの音読みで「じゅう」と読まないように注意。

⑨ 「貫く」はここでは、「突き通す」ではなく「やり通す」という意味です。

⑪ 「寸暇」は「わずかな暇」、⑫ 「軌道」は「物事の実現のために、あちこち走り回って努力すること」という意味です。

⑬ 「奔走」は「物事の実現のために、あちこち走り回って努力すること」という意味です。

⑮ 「挑む」は「立ち向かっていく」という意味です。

⑳ 「吐息」は「ためいき」のことです。

💤 寝る前にもう一度

入試でよく出題される読み取りとして、「穏(おだ)やか」「漂(ただよ)う」「優(やさ)しい」「浮(う)かべる」「貫(つらぬ)く」「宿(やど)る」「寸暇(すんか)」「軌道(きどう)」「奔走(ほんそう)」「睡眠(すいみん)」「慕(した)う」「慎(つつし)む」「柔和(にゅうわ)」「謙虚(けんきょ)」「緊張(きんちょう)」「刺激(しげき)」「襲(おそ)う」「挑(いど)む」「戸惑(とまど)う」「吐息(といき)」を覚えましょう。

10. 漢字：漢字の読みトップ40へ ①〜⑳

★ 今夜おぼえること

★☆☆ 常に①穏(おだ)やかな②雰囲気(ふんいき)を③漂(ただよ)わせ、優しい笑みを浮かべているその女優は、多くのファンから④慕(した)われている。しかし、⑤慎(つつし)み深く柔和で、⑥謙虚(けんきょ)な表情の奥には、意志を⑦貫(つらぬ)く⑧強靭(きょうじん)な精神力が⑨宿(やど)っていた。それが⑩彼女(かのじょ)の演技に味わいをもたらしたのだ。

🌙 彼は日夜、⑪寸暇(すんか)を惜しんで、自らの経営する会社の事業を⑫軌道(きどう)に乗せるために⑬奔走(ほんそう)していた。⑭睡眠(すいみん)時間を削り、新たな事業に挑み続ける日々は、緊張感を伴う⑮日々(ひび)が、⑯刺激(しげき)的でもあった。しかしあるとき、⑰虚脱感(きょだつかん)に⑱襲(おそ)われた。彼はそんな自分に⑲戸惑(とまど)い、⑳吐息(といき)をもらした。

国語

★今夜のおさらい

㉒「通勤」の「勤」の部分を「勤」と書かないように。
㉖「地域」の「域」の部分を正確に書きましょう。
㉗「集う」は「集まる」のやや改まった言い方です。

🌙
㉜「幕」は同じ部分をもつ「墓」「暮」「慕」と書かないように注意しましょう。
㉝「縦横」はここでは「縦と横」という意味ではなく「自由自在」という意味です。
㊱「結束」は「同じ考えや目的をもった人が一つにまとまること」。
㊲「臨む」は「ある場所・機会などに直面する」という意味。同訓異字の「望(む)」と書かないように注意しましょう。

💤 寝る前にもう一度

入試でよく出題される書き取りとして、「駅」「通勤」「姿」「映画」「閉館」「地域」「集(う)」「宣伝」「計画」「戦略」「歴史」「幕」「縦横」「寄(せる)」「支(える)」「結束」「臨(む)」「賞賛」「浴(びる)」「朗報」を覚えましょう。

9. 漢字：漢字の書きトップ40〈㉑〜㊵〉

★ 今夜おぼえること

🌙 毎日、㉑駅には多くの㉒通勤客の㉓姿が見られる。彼らが帰宅するのは㉔映画館がとっくに㉕閉館してからのことだ。それに今更ながら気づいた支配人は、㉖地域の人の㉗集う場所として㉘宣伝し、集客を見込むという㉙計画を大幅に変更し、新たな㉚戦略を打ち出す必要性を感じ始めた。

🌑 ㉛歴史ある舞台の㉜幕が静かに開くと、観客の目は㉝縦横に舞う踊り子たちに吸い㉞寄せられた。

踊り子たちは多くの裏方の㉟支えの下、㊱結束して舞台に㊲臨んだ。そして、人々の㊳賞賛を浴びた彼らに、さらなる㊴朗報が届いたのだった。

★ 今夜のおさらい

① 「険(しい)」は、同じ部分をもつ「検」「倹」「剣」に注意。

② 「頂」は、名詞の場合は「頂き」と送り仮名は入りません。

④ 「染(まる)」の「九」の部分を「丸」と書かないように注意。

⑧ 「拝(む)」の「手」の部分の横棒の数を正確に書きましょう。

🌙

⑪ 「演奏」の「奏」の部分を「天」「夫」と書かないように。

⑫ 「格別」は とりわけ・特別 という意味です。

⑬ 「洗練」は より優れた品のあるものにすること という意味。

⑮ 「困難」の「困」を形の似た「因」と書かないように注意。

⑯ 「祭礼」は「神社などの祭り」という意味です。

⑰ 「厳か」は いかめしくて重々しい という意味です。

🛌 寝る前にもう一度

入試でよく出題される書き取りとして、「険(しい)」「頂(く)」「照(らす)」「染(まる)」「格別」「洗練」「焼(ける)」「放(つ)」「垂(れる)」「拝(む)」「刻(む)」「唱(える)」「演奏」「容易」「困難」「祭礼」「厳(か)」「印象」「笛」「編曲」を覚えましょう。

8. 漢字：漢字の書きトップ40 〈①〜⑳〉

★ 今夜おぼえること

★★ 険(けわ)しい山の頂(いただき)を光り輝く夕日が照(て)らし出す。空は次第に染(そ)まり、焼(や)けるような紅色を放(はな)っていた。青年は頭を垂(た)れて夕日を拝(おが)み、胸に刻(きざ)みつけるかのように辺りの風景を見渡(みわた)した。そして、静かに祈(いの)りの言葉を唱(とな)えながら歩き始めた。

この日の演奏(えんそう)は、また格別(かくべつ)に洗練(せんれん)された見事なものであった。しかし、そこに至るまでの道のりは決して容易(ようい)なものではなく、多くの困難(こんなん)があった。まず、祭礼(さいれい)の厳(おごそ)かな雰囲気(ふんいき)を印象(いんしょう)づけるために、笛(ふえ)のパートに工夫して編曲(へんきょく)をしなければならなかった。

国語

月 月
日 日

176

★今夜のおさらい

返り点には、レ点とその他の返り点を組み合わせたものがあります。レ点に従って読んでから一・二点の順に読む「レ(いちれ)点」や、レ点に従って読んでから上・下点の順に読む「上レ(じょうれ)点」などです。

例

後_① 則_② 為_⑥ニ 人_③ノ 所_⑤ト 制_④スル。
（おくれば すなわち ひとの せいする ところと なる）

（……、後るれば則ち人の制する所と為る。）

> いくつかの返り点があるときには、レ点→一・二点→上・下点の優先順で読むんだよ。

🌙 **書き下し文**に直すときには、日本語の助詞・助動詞にあたる漢字や送り仮名(「自」「不」など)は、漢字のままにせず平仮名に直します。また、**置き字**(「而」など漢文を訓読するときに読まない文字)は、書き下し文には書かないという決まりがあります。

💤 寝る前にもう一度

🌙 主な返り点には、①レ点、②一・二点、③上・下点があります。

🌙 書き下し文では、日本語の助詞・助動詞は平仮名にし、また、置き字は書きません。

7. 古典∷漢文の常識

★ 今夜おぼえること

訓点（訓読するために入れる符号）には、**返り点・送り仮名・句読点**があります。

※主な返り点は次の三つです。

① レ点…下の一字を先に読み、上に返る。

例： 読ム書ヲ。 → 書を読む。

② 一・二点…一まで二字以上を先に読んで、二に返る。

例： 与ヘフ我ニ書ヲ。 → 我に書を与ふ。

③ 上・下点…間に一・二点を挟み、上から下に返る。

例： 有リ朋自リ遠方ニ来タル。 → 朋遠方より来たる有り。

★ 今夜のおさらい

現在使われている 現代仮名遣い に対して、古文で使われている **仮名遣いを 歴史的仮名遣い** といいます。

語頭以外に「ふ」がある語では、二段階で直すものがあります。

例 あふぎ(扇) → あうぎ(au) → おうぎ(ō)　てふ → てう(teu) → ちょう(tyō)

係り結びは、**係り結びの法則** ともいいます。

例
- 空へ**ぞ**上がり**ける**。(口語訳 空へと上がっていった。) 〔強調〕
- たれ**か**あ**る**。(口語訳 誰かいるか。) 〔疑問〕
- 彼に劣るところ**や**あ**る**。(口語訳 彼に劣るところがあるだろうか、いや、ない。) 〔反語〕
- 尊く**こそ**おはし**けれ**。(口語訳 尊くいらっしゃいました。) 〔強調〕

💤 寝る前にもう一度

🌙 古文では、「をんな」「めづらし」などの歴史的仮名遣いが使われています。

🌙 係助詞「ぞ・なむ・や・か」を連体形、「こそ」を已然形で結ぶことを係り結びといいます。

6. 古典…古文の常識

★ 今夜おぼえること

☆☆ 中1の復習 歴史的仮名遣い

古文の表記

古文の表記	読み方／例
① 語頭以外の は・ひ・ふ・へ・ほ	わ・い・う・え・お 例 おはす→おわす にほひ（匂ひ）→におい
② ゐ・ゑ・を	い・え・お 例 ゐなか（田舎）→いなか
③ ぢ・づ	じ・ず 例 もみぢ→もみじ
④ くわ・ぐわ	か・が 例 くわじ（火事）→かじ
⑤ 語中の au・iu・eu・ou	ô・yû・yô・ô 例 かう̀べ（頭）→こう̀べ （kau）（kô）

♪ 中1の復習 係り結び

係助詞	結びの形	意味
ぞ なむ	連体形	強調 ＊特に訳さなくてよい。
や か	連体形	疑問・反語 疑問…～だろうか。 反語…～だろうか、いや～ない。
こそ	已然形（いぜんけい）	強調 ＊特に訳さなくてよい。

国語

★ 今夜のおさらい

「の」の識別では、次のものにも注意しましょう。

- ☆並立 の意味の格助詞「の」……「〜の〜の」になっている。
  - 例 梅干しがすっぱい**の**塩辛い**の**と騒ぐ。
- ☆終助詞 の「の」……文末にある。
  - 例 なぜ、梅干しはすっぱい**の**と尋ねる。

※「と」は引用を表す格助詞で上の部分を「 」でくくれるので、「 」内の文末にある「の」は、終助詞だと判断できる。

🌙 助動詞「う・よう」のうち、形容詞に付いている「う」は、必ず推量の意味になります。

例 彼女と映画に行ったら楽しかろう。

　　　形容詞「楽しい」の未然形

寝る前にもう一度

🌙 「の」は主に、格助詞の「部分の主語」「連体修飾語」「体言の代用」の三つの意味を識別します。

🌙 助動詞「う・よう」は、「推量」「意志」「勧誘」の三つの意味を識別します。

部分の主語、連体修飾語、体言の代用、並立の意味になる「の」は、格助詞だよ。

5. 文法：紛らわしい品詞の識別③

★ 今夜おぼえること

☆ 格助詞「の」の識別

部分の主語
「が」と言い換えられる。
例：祖母の漬けた梅干し。
→ ○祖母が漬けた梅干し。

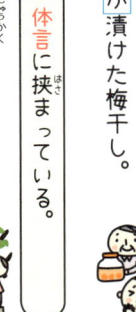

連体修飾語
体言に挟まっている。
例：梅の実の収穫を手伝う。
例：塩の分量をはかる。

体言の代用
「こと・もの」に言い換えられる。
例：梅干しが出来上がるのを待つ。
→ ○……出来上がることを待つ。

◐ 助動詞「う・よう」の識別

推量
前に「たぶん」を補える。
例：もう今日は寝ているだろう。
→ ○……たぶん寝ているだろう。

意志
「〜つもりだ」と言い換えられる。
例：明日また連絡しよう。
→ ○……連絡するつもりだ。

勧誘
前に「一緒に」を補える。
例：映画に行こうと誘いたいのだ。
→ ○映画に一緒に行こうと……。

★今夜のおさらい

★ 助動詞「れる・られる」が、自発の意味の場合、多くは「感じる・思い出す・しのぶ・案じる・悔やむ」など心の作用を表す動詞に付いているので、判断の材料にしましょう。

☾ 「が」の識別では、次の識別にも注意しましょう。
・接続詞の「が」……単独で文節を作っている。
 例 試合を終えて疲れた。が、明日からまた練習だ。
・接続助詞の「が」……文節の一部分になっている。
 例 明日、部員全員で反省会をしたいのですが、よいでしょうか。

接続詞と接続助詞の「が」は、単独で文節を作れるかどうかで識別するようにしましょう。

💤 寝る前にもう一度
☾ 助動詞「れる・られる」は、「受け身」「可能」「尊敬」「自発」の四つの意味を識別します。
☾ 「が」は、「格助詞」「接続助詞」の他、「接続詞」とも識別します。

183

4. 文法…紛らわしい品詞の識別②

★ 今夜おぼえること

☆ 助動詞「れる・られる」の識別（中2の復習）

受け身
「～ことをされる」と言い換えられる。

例 母に店の手伝いを頼まれる。
↓ ○……頼むことをされる。

可能
「～ことができる」と言い換えられる。

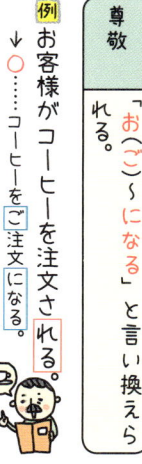

例 すぐ始められると答える。
↓ ○すぐ始めることができると……。

尊敬
「お(ご)～になる」と言い換えられる。

例 お客様がコーヒーを注文される。
↓ ○……コーヒーをご注文になる。

自発
前に「自然に」を補える。

例 働く喜びが感じられる。
↓ ○……喜びが自然に感じられる。

🌙 「が」の識別

格助詞
体言・助詞に接続している。

例 いよいよ試合が始まった。
例 姉のが一番大きい声援だった。

接続助詞
活用語に接続している。

例 接戦だったが、優勝した。
例 反省点はあるが、うれしい。

月　日
月　日

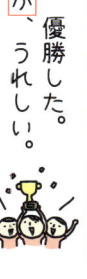

★ 今夜のおさらい

★★ 否定（※「打ち消し」ともいう）の助動詞「ない」は **付属語** なので、単独では文節を作れません。一方、補助形容詞は、**自立語** なので、単独で文節を作れます。助詞「ね・さ・よ」などを使って、「ない」だけで文節に区切ることができるものが補助形容詞です。

例 全く知ら **ね** ない。（助動詞） ×区切れない

欲しく **ね** ない。（補助形容詞） ○区切れる

🌙 連体詞の「ある」のあとには、「ある **夏** の日」のように **体言** がきます。連体詞は、**活用しない自立語** であることにも注意しましょう。

> 連体詞はこの他にも、「大きな」と「大きい（形容詞）」、「いろんな」と「いろいろな（形容動詞）」のように紛らわしいものがあるよ。

💤 寝る前にもう一度

🌙★ 「ない」は、「助動詞」「補助形容詞」「形容詞の一部」を識別します。

🌙 「ある」は、「動詞」「補助動詞」「連体詞」を識別します。

185

3. 文法：紛らわしい品詞の識別①

★ 今夜おぼえること

☆☆☆「ない」の識別 〔中2の復習〕

助動詞（否定）
「ぬ」と言い換えられる。

例 とても食べ切れない。
→ ○とても食べ切れぬ。

補助形容詞
直前に「は・も」を補える。

例 このパンはおいしくない。
→ ○このパンはおいしくはない。

形容詞の一部
「ぬ」に言い換えられず、直前に「は・も」も補えない。

例 残すとはもったいない。
→ ×もったいぬ
　×もったいはない

☽「ある」の識別

動詞
「存在する」と言い換えられる。

例 海外旅行の計画がある。
→ ○……の計画が存在する。

補助動詞
直前に「て(で)」がある。

例 もう航空券は取ってある。
　ツアーにも申し込んである。

連体詞
「存在する」と言い換えられない。

例 ある人ご推奨の観光地を回る。
→ ×存在する人ご推奨の……。

月　日
月　日

国語

186

★ 今夜のおさらい

✫ 付属語……それだけで文節を作ることはできず、常に自立語の下に付いて文節の一部になる単語。

☾ 助動詞……付属語のうち、活用する単語。意味を加えたり、話し手(書き手)の気持ちや判断を表したりする。

例 れる・られる／せる・させる／う・よう／まい／ない・ぬ(ん)／た(だ)／たい・たがる／だ／です／ます／そうだ・そうです／ようだ・ようです／らしい

✧ 助詞……付属語のうち、活用しない単語。関係を示したり意味を添えたりする。

例 の(格助詞)・ば(接続助詞)・こそ(副助詞)・か(終助詞)

💤 寝る前にもう一度
単語は、十品詞に分けられ、そのうち付属語は二つ。活用するものが「助動詞」、活用しないものが「助詞」です。

2. 文法：品詞分類表（付属語）

★ 今夜おぼえること

今回は、付属語に注目しよう。

単語
- 自立語
- 付属語（中2の復習）
  - 活用する
    - 述語になる（用言）
      - 動詞
      - 形容詞
      - 形容動詞
    - 主語になる（体言）
      - 名詞
    - 修飾語になる
      - 副詞
      - 連体詞
    - 接続語になる
      - 接続詞
    - 独立語になる
      - 感動詞
  - 活用しない
- （自立語の）活用しない
  - 助動詞
  - 助詞

私の猫だ … 助詞

猫だ … 助動詞

食べるな … 助詞

食べたい … 助動詞

188

★ 今夜のおさらい

☆ 自立語……それだけで文節を作ることができる単語。

🌙 活用する自立語はまとめて用言とよばれ、主に述語になります。

- 動詞……基本の形(終止形)がウ段の音で終わる。例 会う・飲む
- 形容詞……基本の形(終止形)が「い」で終わる。例 新しい・軽い
- 形容動詞……基本の形(終止形)が「だ・です」で終わる。例 静かだ

✨ 活用しない自立語には、次の五つがあります。

- 名詞……主に主語になり、体言とよばれる。例 川・パリ・三月
- 副詞……主に連用修飾語(用言を修飾)になる。例 ふと・ついに
- 連体詞……連体修飾語(体言を修飾)になる。例 この・いわゆる
- 接続詞……接続語になる。例 だから・しかし・また・つまり
- 感動詞……独立語になる。例 ああ・やあ・はい・こんばんは

💤 寝る前にもう一度

単語は、十品詞に分けられ、そのうち自立語は八つ。「動詞・形容詞・形容動詞(活用するもの)」、「名詞・副詞・連体詞・接続詞・感動詞(活用しないもの)」です。

1. 文法：品詞分類表（自立語）

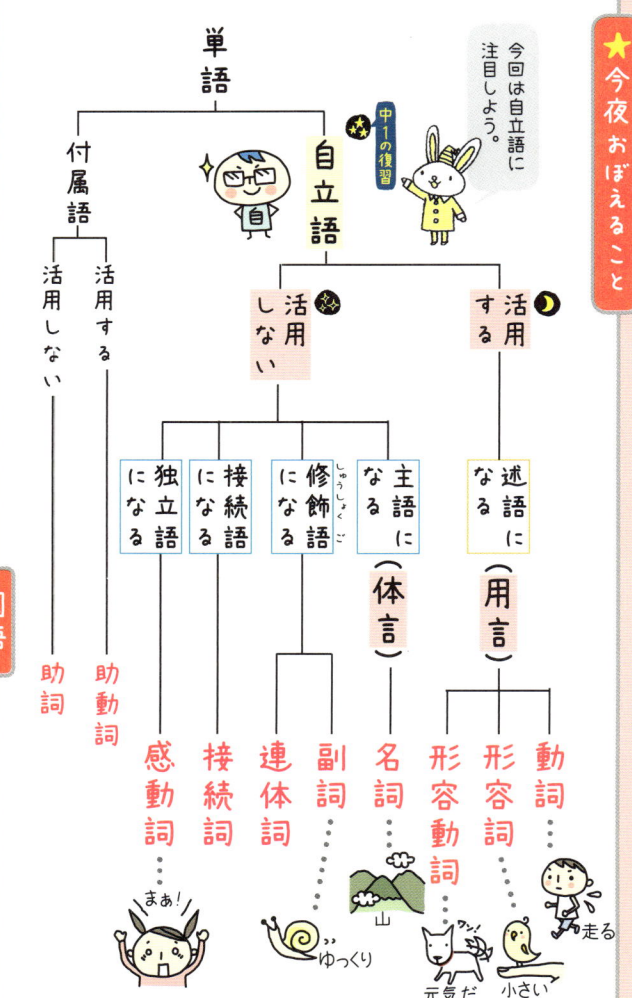

★ 今夜おぼえること

中1の復習　今回は自立語に注目しよう。

```
単語 ─┬─ 自立語 ─┬─ 活用する ── 述語になる（用言）─┬─ 動詞
      │          │                                    ├─ 形容詞
      │          │                                    └─ 形容動詞
      │          └─ 活用しない ─┬─ 主語になる（体言）── 名詞
      │                         ├─ 修飾語になる ──┬─ 副詞
      │                         │                 └─ 連体詞
      │                         ├─ 接続語になる ── 接続詞
      │                         └─ 独立語になる ── 感動詞
      └─ 付属語 ─┬─ 活用する ── 助動詞
                  └─ 活用しない ── 助詞
```

走る（動詞）
小さい（形容詞）
元気だ（形容動詞）
山（名詞）
ゆっくり（副詞）
まぁ！（感動詞）

国語は
こちら側から
始まるよ！

編集協力：小縣宏行，スズキ企画，鈴木瑞穂，(有)バンティアン，野口光伸，寺南純一，青山社

表紙・本文デザイン：山本光徳
本文イラスト：山本光徳，株式会社アート工房，さとうさなえ，森永みぐ，松本麻希
DTP：株式会社明昌堂　　データ管理コード：17-1772-0846（CS5）
図版：木村図芸社，株式会社明昌堂
※赤フィルターの材質は「ポリエチレン」です。
◆この本は下記のように環境に配慮して製作しました。
・製版フィルムを使用しないCTP方式で印刷しました。
・環境に配慮して作られた紙を使用しています。

寝る前5分 暗記ブック 中3 高校入試

Ⓒ Gakken Plus 2013 Printed in Japan
本書の無断転載，複製，複写（コピー），翻訳を禁じます。本書を代行業者等の第三者に依頼してスキャンやデジタル化することは，たとえ個人や家庭内の利用であっても，著作権法上，認められておりません。